혼자서 만들 수 있는 **가죽공예**
24 SIMPLE PATTERNS FOR LEATHERCRAFT
패턴집 **24**

내 마음대로 만드는 24가지 가죽공예

이 책에서는 24종의 가죽공예 소품의 패턴과 제작법 순서를 알려주고 있습니다. 연령과 성별에 구애받지 않고 사용할 수 있는 스탠다드하고 내츄럴한 디자인의 아이템입니다. 또한, 핸드메이드의 느낌을 유지하면서 다양하게 응용할 수 있게끔 테크닉과 구조의 이해를 돕고자 해설을 구성하였습니다. 패턴대로 만들어도, 사이즈와 형태를 응용할 때도, 완전히 새로운 작품을 만들 때도 사용할 수 있습니다. 마음가는 대로, 좋아하는 가죽공예 작품을 만들어보세요.

Contents

시작하며 P.2
책 사용법 P.6

제작법과 패턴 P.7

하나쯤은 가지고 싶은 베이직 소품
- 교통카드 지갑 P.10
- 노트 커버 P.14
- 트레이 P.18
- 키홀더 P.22
- 심플 키케이스 P.26
- 베이직 키케이스 P.30
- 종모양 키케이스 P.36

다양하게 응용할 수 있는 수납 아이템
- 아웃스티치 동전지갑 P.42
- 인스티치 동전지갑 P.48
- 상자모양 동전지갑 P.52
- L자 지퍼지갑 P.56
- 서류 봉투 P.64

여러 종류의 옆판 있는 가죽 소품
- 접는 옆판 카드지갑 P.72
- 스플릿 옆판 카드지갑 P.78
- 넓은 옆판 필통 P.84
- 옆판 일체형 필통 P.90
- 통옆판 클러치 P.100
- 분할옆판 클러치 P.110

취미, 반려동물을 위한 외출용 가죽 소품
- 반려견 목걸이 P.122
- 리드 P.126
- 카메라 가방 P.130
- 넥 스트랩 P.134
- 여권지갑 P.140
- 두루마리 키트 P.146

부록 P.151
- 패턴 사용법 P.152
- 추천 가죽 P.154
- 금속장식 도감 P.156
- 도구 도감 P.162
- 감수 기업 소개 SEIWA P.172
- 추천 서적 P.174

책 사용법

이 책은 완성품의 샘플과 패턴을 바탕으로, 패턴을 조립하는 요령을 해설하고, 어려운 부분은 따로 사진과 그림으로 설명하고 있습니다. 패턴은 활용도가 높은 베이직한 소품 위주로 구성하였습니다.

사용하는 가죽은 책 말미에도 기재해 놓았습니다. 일부 소품에서는 가죽 고르는 포인트도 설명하고 있으므로 참고하면 좋습니다. 금속장식 등 가죽 이외의 재료에 대해서도 책 말미에 소개해놓았습니다. 색이나 사이즈에 따라 분위기가 다르므로 신경써서 골라주세요.

사용하는 도구는 모두 핸드메이드 가죽공예용 스탠다드 제품입니다. 등장하는 도구의 사용 방법도 책 말미에 소개하고 있습니다.

이 책에 수록된 패턴을 응용하거나 구조를 변경해서 새로운 작품으로 활용할 수 있도록 다양한 포인트를 알려주고 있습니다. 복잡하거나 응용이 어려운 아이템도 있지만 구조를 잘 이용하면 사이즈나 디자인을 변경하는 것도 쉽습니다. 요령이 생기면 꼭 응용 작품 만들기에 도전해보세요.

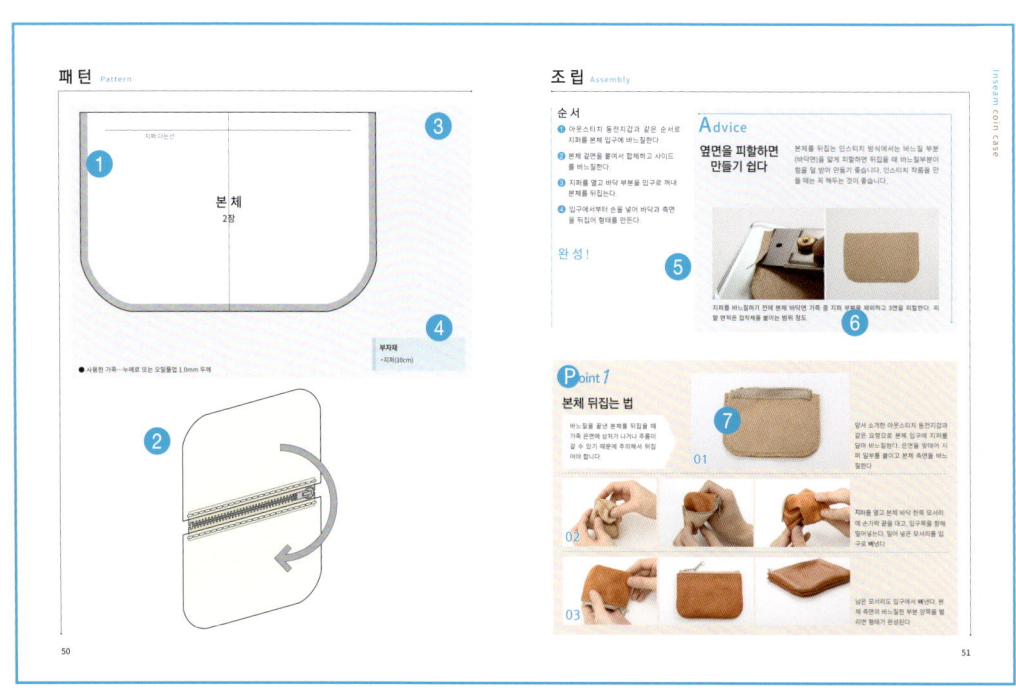

1. 패턴
2. 조립과 구조를 설명하는 이미지
3. 사용한 가죽의 종류와 두께
4. 가죽 이외에 사용한 재료 리스트
5. 완성까지의 조립순서
6. 재료 선정, 제작 포인트, 응용 아이디어 등의 어드바이스
7. 조립 순서 중에서 어렵거나 응용할 수 있는 포인트를 설명하는 코너

제작법과 패턴

패턴과 함께 재료에서 완성까지 큰 흐름으로, 제작할 때의 포인트, 응용 아이디어나 주의점을 설명합니다. 또한 가죽 소품의 실제 사용 사진을 소개하고 있어 화보집처럼 가볍게 보실 수 있습니다.

■ 교통카드 지갑 ·········· P.10
■ 노트 커버 ············· P.14
■ 트레이 ················ P.18
■ 키홀더 ················ P.22
■ 심플 키케이스 ········· P.26
■ 베이직 키케이스 ······· P.30
■ 종모양 키케이스 ······· P.36

하나쯤은 가지고 싶은
베이직 소품

인기 있는 기본 소품을 모아놓았습니다.
제작 방법도 간단해서
초보자도 쉽게 만들 수 있고
응용의 기초로도 사용할 수 있습니다.
특히 키케이스는
3종류의 디자인`을 소개하고 있습니다.
취향에 맞는 디자인을 골라보세요.

Pass case
교통카드 지갑

본체와 양면 포켓으로 구성되어
3곳에 수납할 수 있는 교통카드 지갑
카드를 넣고 빼기 좋게 슬릿을 만들어
스타일리시합니다.
초보자도 간단. 응용도 간단.
가볍게 만들어봅시다.

뒷면은 슬릿 형태로 바리에이션. 슬릿이 없어도, 다른 형태의 슬릿도 OK. 좋아하는 스타일로 응용해서 만들면 더욱 애착을 느낄 수 있을 것이다

패턴 Pattern

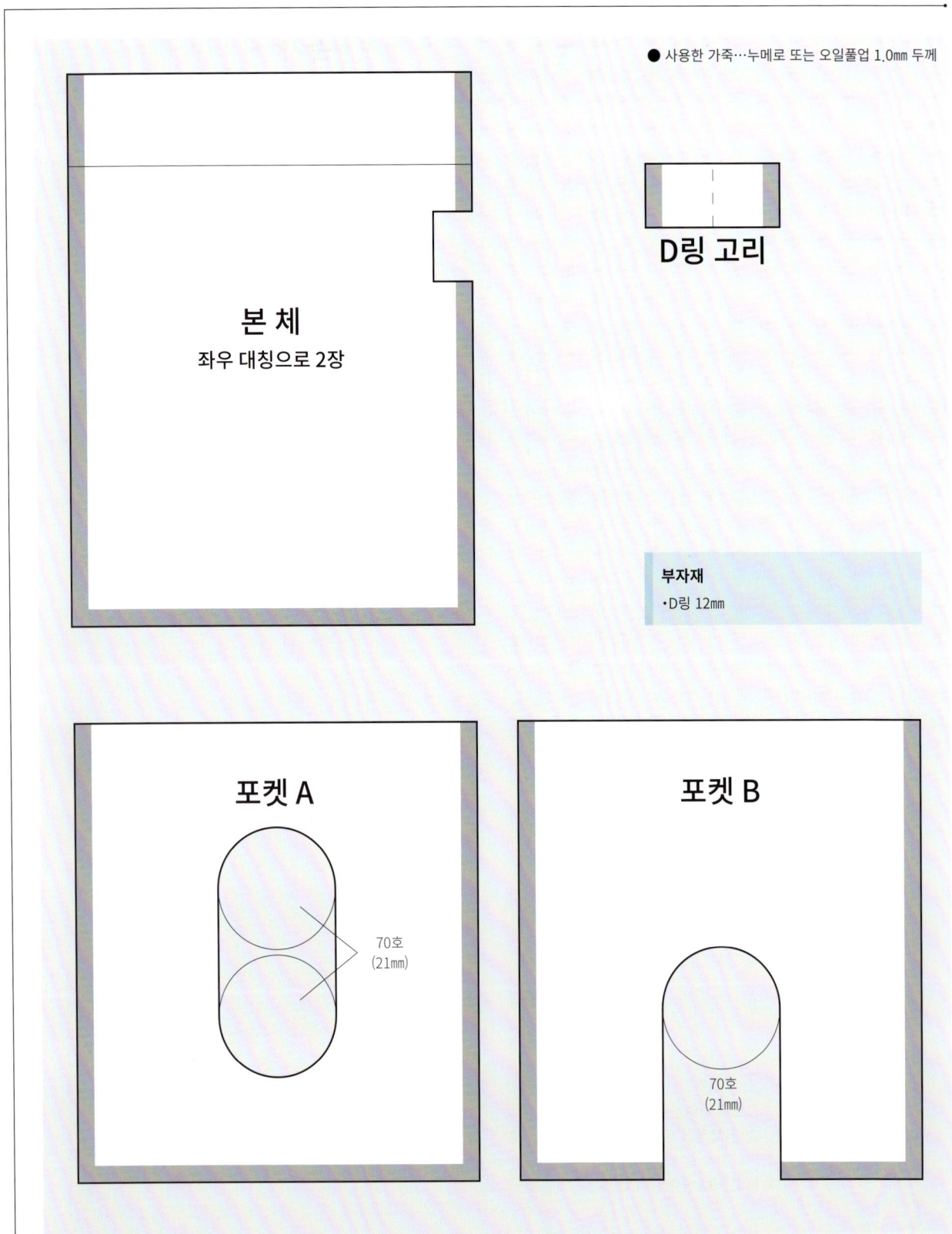

조 립 Assembly

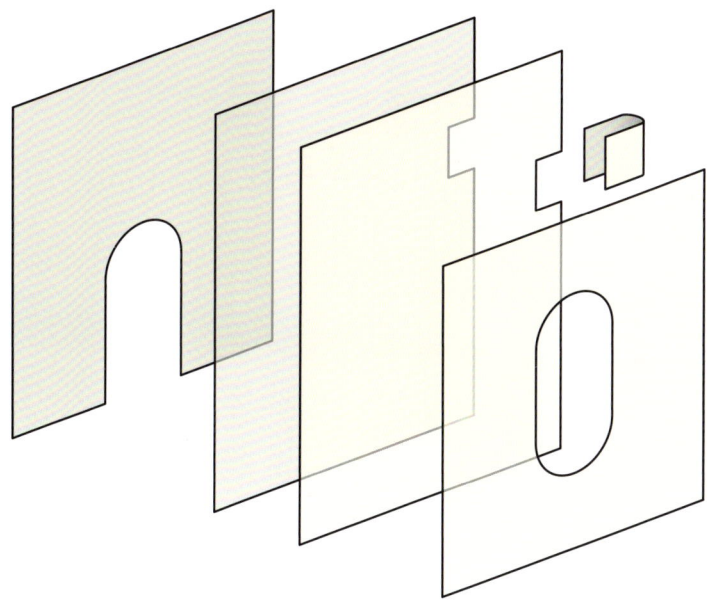

순 서

① D링 고리에 D링을 통과해서 루프형태로 감고 끝에서 5㎜ 정도를 붙인다.

② 2장의 본체를 맞붙인다.
③ 한쪽에 포켓A를 붙인다.
④ D링 고리를 본체 슬릿에 끼우고 붙인다.
⑤ 남은 면에 포켓B를 붙인다.
⑥ ㄷ자 모양으로 바느질한다.

완 성 !

Advice

1㎜ 두께의 베지터블 가죽을 사용하였습니다만, 심플한 구조여서 다양한 두께로 만들 수 있습니다. 부드러운 크롬 가죽을 사용해도 수납하는 카드 자체가 단단해서 형태가 유지됩니다. 다만 쉽게 만들기 위해서는 어느 정도 장력 있는 가죽이 편합니다.

구조는 아주 단순합니다. 위의 일러스트를 참고하여 조립해봅시다. 주의점은 D링 고리의 끝이 본체에 ㄷ모양으로 파여진 부분에 맞닿아야 한다는 것입니다. 전체적인 두께를 균등하게 하기 위해서입니다. 위치를 잘 맞추지 못하면 D링 고리 부분만이 붕 뜨거나 균형이 무너집니다.

Note cover
노트 커버

문고본 사이즈의 노트 커버입니다.
단추가 달려 있어 닫힌 채로 유지되기 때문에
가방 안에서도 펼쳐지지 않습니다.
본체를 심플하게 마감해서
가죽끈 끝에 비즈를 달아 악센트를 주었습니다.
취향대로 응용해도 좋습니다.

단추는 고정 타입. 줄은 부드러운 질감의 좋은 사슴가죽줄을 추천

패턴 Pattern

● 사용한 가죽…누메로 또는 오일풀업 1.0mm 두께

부자재
- 사슴가죽줄 3mm 폭(30cm정도)
- 리벳 대 양면 짧은발
- 황동비즈 원통형(2개 내외)
※ 비즈는 취향대로

본 체
※ 50% 축소 표시

8호

7호
(2.1mm)

8호
(2.4mm)

8호
(2.4mm)

가죽 버튼

스페이서
2장

조 립 Assembly

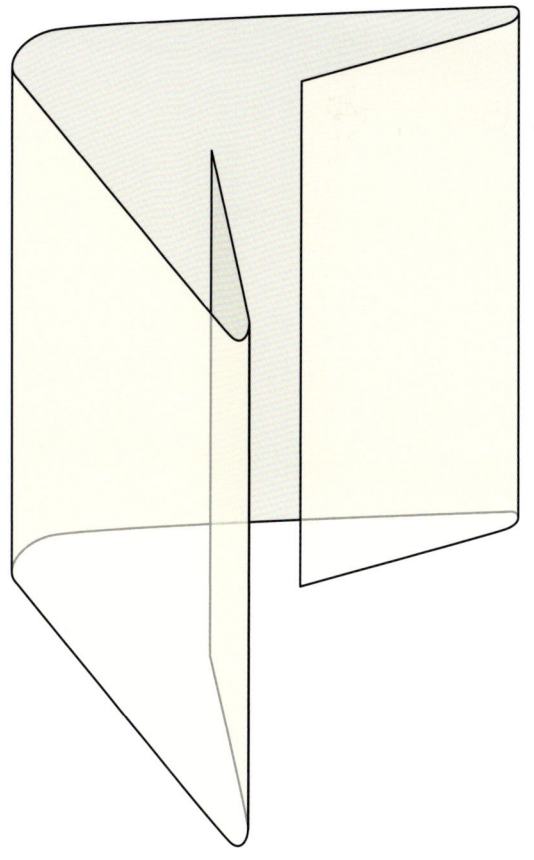

순서

① 재단한 가죽 2장을 붙여서 가죽 버튼을 자릅니다. 70호(21mm) 펀치로 원을 만들고, 8호(2.4mm) 펀치로 구멍을 낸다.

② 스페이서를 2장 자릅니다. 30호(9mm) 펀치로 잘라낸 원 중심에 8호(2.4mm) 구멍을 낸다.

　Check! 가죽 버튼 스페이서는 펀치를 사용하면 원이 깨끗하게 뚫린다. 펀치가 없으면 손으로 잘라도 무방하다.

③ 패턴에 기재된 대로 맞춰 본체에 구멍을 뚫는다.

④ 본체에 가죽끈을 통과하고 매듭짓는다. 가죽끈 끝에는 비즈를 통과하고 끝을 막는다.

⑤ 다른 하나의 구멍에 뒷면에 리벳 발을 달고 은면에 2장의 스페이서를 놓고, 가죽 버튼, 리벳 머리를 박아 고정한다(Point참고).

⑥ 본체의 접는 선을 따라 가죽을 접고 접착 부분을 붙이면 완성.

완성!

Advice

먼저 끈과 가죽단추를 잘라둡시다. 그리고 패턴의 접는 선 부분을 접은 후 접착 부분을 붙여서 바느질하면 완성입니다. 한쪽에 있는 슬릿은 책갈피로 사용하면 됩니다. 끈과 가죽 버튼은 만들지 않아도 사용에 지장은 없으므로 심플한 디자인이 좋다면 과감히 생략해도 좋습니다.

가죽은 얇은 1mm 두께를 사용했습니다. 크롬 가죽 등 부드러운 가죽을 사용해도 감촉이 달라 재미있습니다. 그러나 이 경우는 가죽끈이 구멍 밖으로 빠지지 않도록 바느질에 주의해야 합니다.

Point 1
버튼 달기

가죽줄을 감는 용도의 가죽 버튼 아래에는 두께 2mm(1mm 가죽 2장) 정도의 스페이서를 붙입니다.

가죽 버튼과 2장의 스페이서를 사진처럼 겹쳐서 리벳 단추로 한꺼번에 고정한다

Tray
트레이

작은 소품들을 수납하기 좋은 트레이입니다.
만듦새는 단순하지만 마음에 드는 가죽을 사용하면
일상에 액센트를 더해줄 수 있는 훌륭한 아이템입니다.
바닥 부분에는 보강과 데코레이션을 겸하는 가죽을 붙이고
네 귀퉁이에는 단추를 달아 마감합니다.
선물용으로도 추천합니다.

네 귀퉁이의 단추를 풀어 평평하게 하면 운반하기도 편리. 네 귀퉁이는 장식용으로 바느질해서 완성해도 OK.

패턴 Pattern

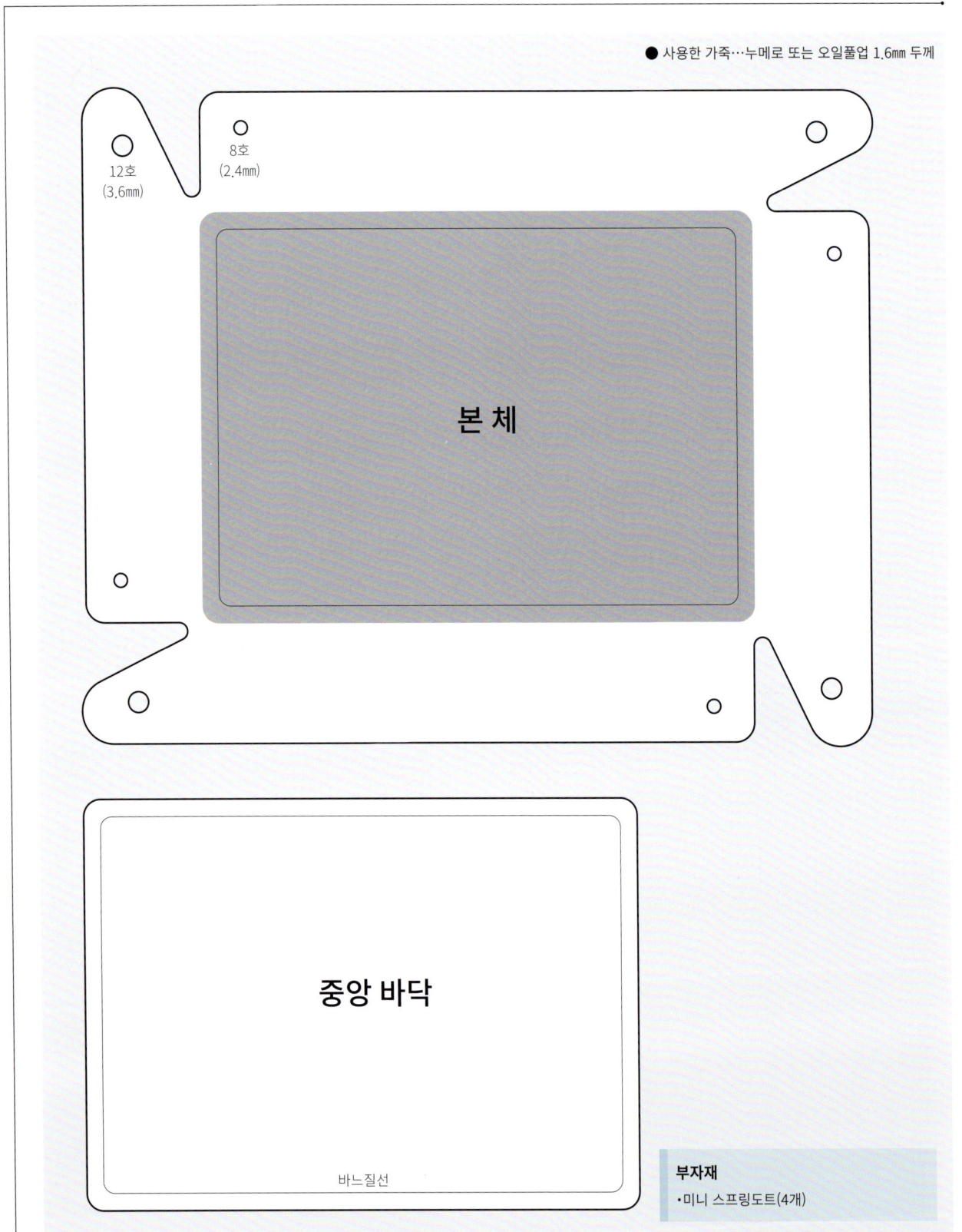

조 립 Assembly

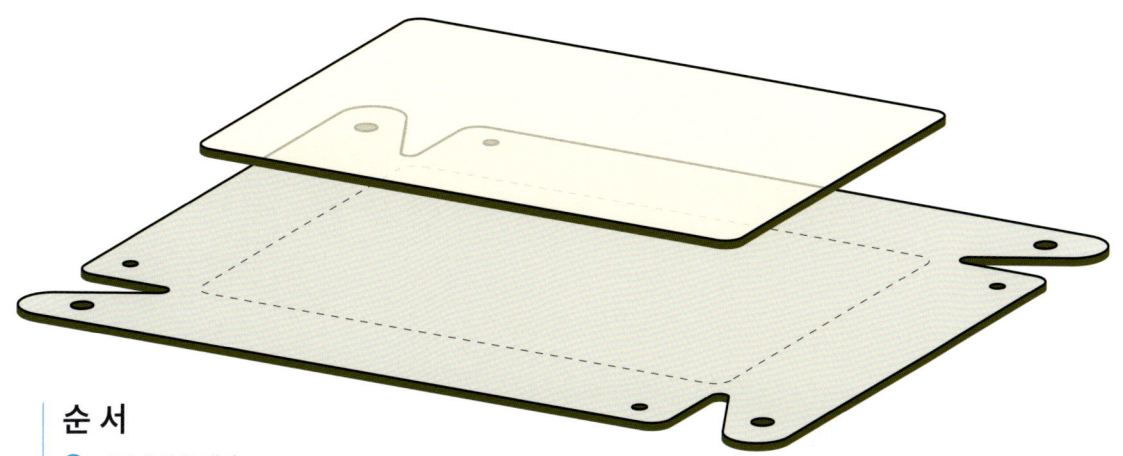

순 서

① 단면에 광을 낸다.

② 본체의 접착제 붙이는 면을 거칠게 깎고 접착한다.

③ 패턴의 선에 맞추어 본체에 중앙 바닥을 꿰맨다.

④ 가죽 본체의 구멍에 단추를 단다. (※역자 주 : 국내에는 3.6㎜ 미니단추를 구하기 힘들기 때문에 4.5㎜ 단추를 사용해도 됩니다. 이 경우 구멍은 4.5㎜, 15호로 뚫습니다)

완 성 !

Advice

본체와 바닥만으로 완성할 수 있는 심플한 구조입니다. 익숙해지면 간단하게 완성할 수 있으니 여러 종류의 가죽으로 만들어봅시다. 부드러운 가죽으로 만들면 후들거리기 때문에 어느 정도는 장력이 있는 가죽을 사용합시다.
왼쪽 페이지 패턴을 확대복사하면 큰 트레이도 만들 수 있습니다. 그 때는 크기를 맞춰 밸런스가 맞는 큰 단추를 사용합시다. 구멍 사이즈도 단추 크기에 맞추어야 합니다. 또한 큰 사이즈 트레이는 장력이 강한 가죽을 사용하도록 합시다. 전체 밸런스를 보고 적당한 질감으로 만들면 멋진 작품이 나올 것입니다.

Key holder
키홀더

일상에서 몸에 지니고 다니는 아이템은
심플하게 마감하되 고급스런 소재를 사용하는 것을 추천합니다.
앤티크 스타일 고리를 사용해서
레트로한 분위기로 마감한 키홀더입니다.
가죽과 황동 금속장식은 시간이 지날수록 깊이를 더해가니
변화하는 모습을 즐겨보세요.

리벳만으로 조립하므로 초보자도 간단하게 만들 수 있다. 금속장식이나 가죽에 변화를 주면 분위기도 형태도 바뀌므로 여러 종류의 가죽으로 만들어보자

패 턴 Pattern

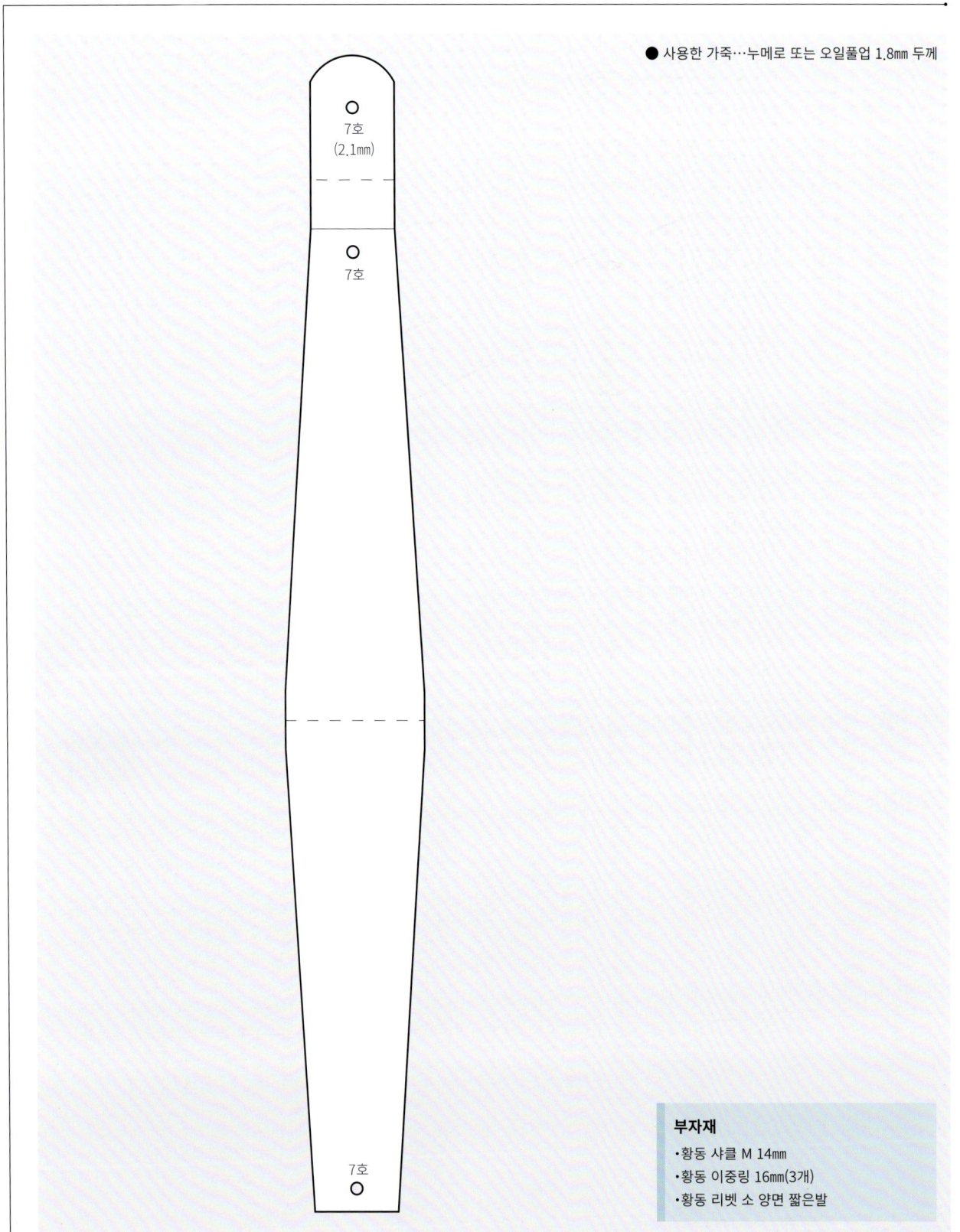

조 립 Assembly

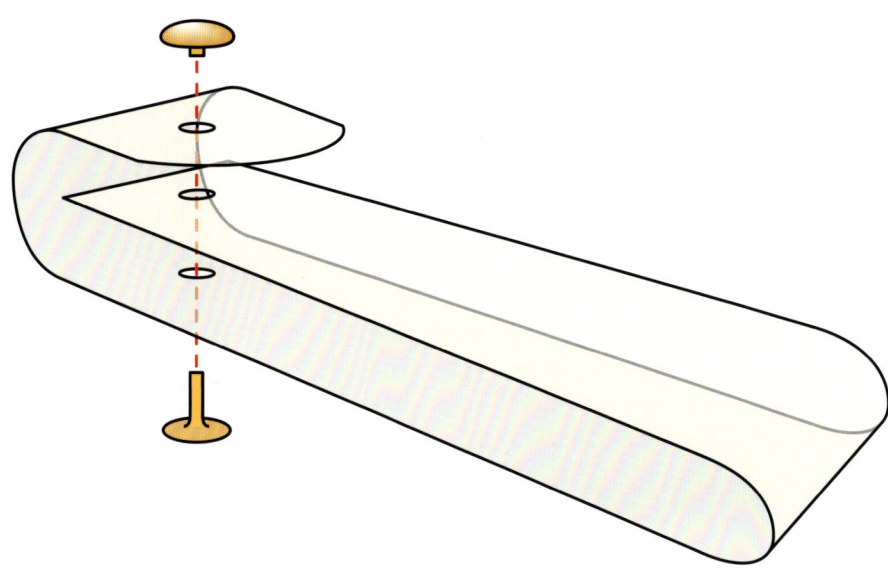

순 서

1. 단면을 다듬는다.
2. 패턴 표시에 따라 접고 구멍을 겹쳐 리벳을 고정한다.
3. 이중링을 통과한 샤클을 부속 나사로 조여서 단다.

완 성 !

Advice

황동 샤클 고리의 폭에 맞춰 설계했기 때문에, 리벳 구멍 부분을 고정하고 뒤에서 고리를 통과해서 완성합니다. 작고 심플한 쪽이 좋으면 끝부분 폭에 맞춰 15mm D링을 달아도 좋습니다. 이 경우 리벳을 고정하기 전에 가죽을 통과하면 됩니다.
가죽은 존재감 있는 1.8mm 가죽을 사용했습니다. 앤틱 느낌의 황동 장식에 어울리는 베지터블 가죽을 추천합니다. 얇거나 부드러운 가죽을 쓸 경우, 열쇠에 끼우면 무게로 후들거릴 수 있습니다. 이 경우 2장의 가죽을 맞붙여 단단하게 만들어 사용합시다.

원 피스로 만드는
가장 간단한 구조의 키케이스.
둥글게 만 디자인으로
내츄럴한 분위기로 만듭니다.
커브 부분을 직선으로 하면
남성적인 인상을 줄 수 있습니다.
바느질이 없어서 간단합니다.

닫아놓을 때도 플랩 부분의 곡선이 내추럴한 분위기를 내는 디자인. 형태를 자유롭게 변형할 수 있으므로 취향에 맞게 만들 수 있다

패 턴 Pattern

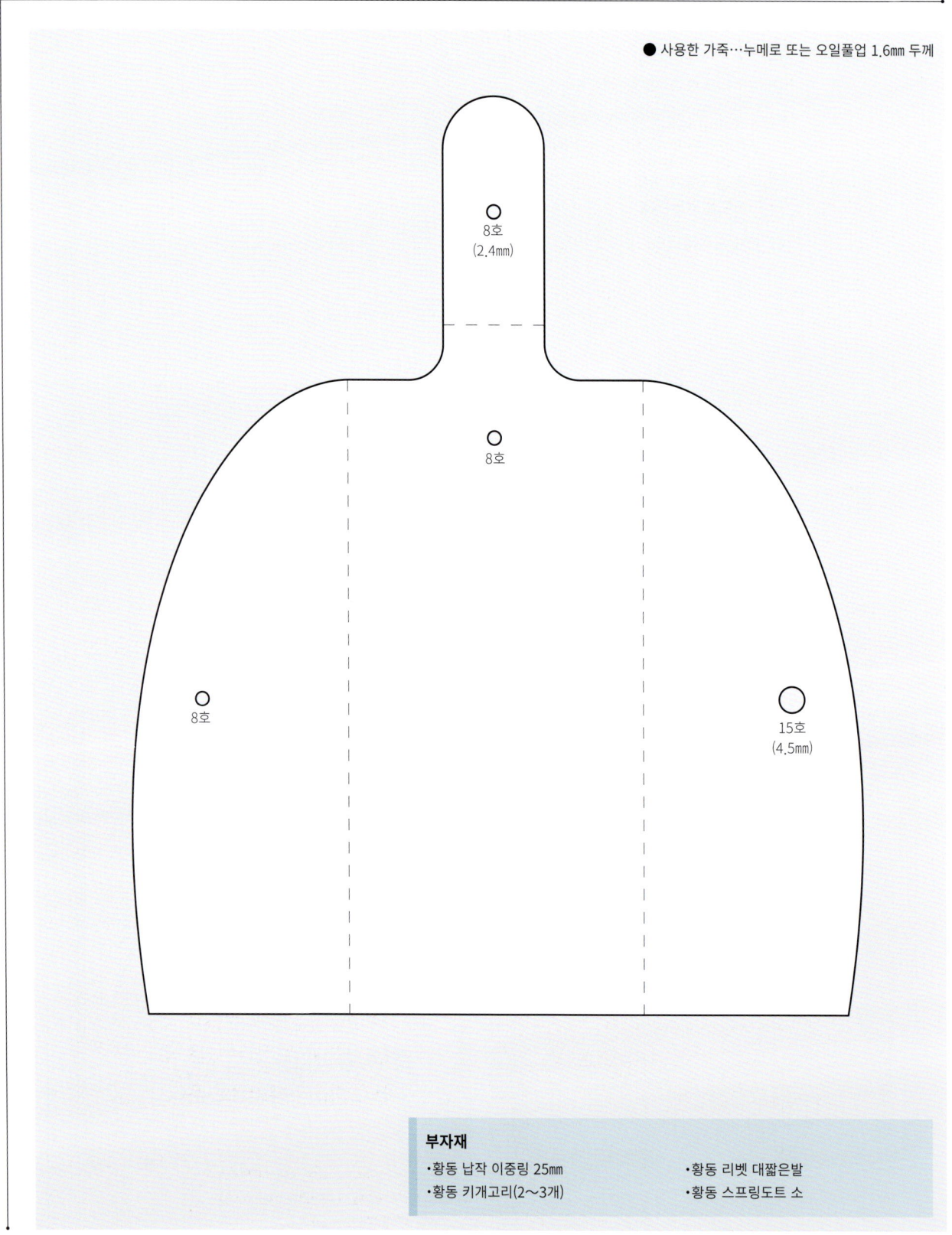

조 립 Assembly

순 서

① 이중링에 키고리를 장착한다.
② 본체 상단 뾰족한 부분 바닥면을 구부려 루프를 만든 후 이중링을 통과한다.
③ 루프 끝 구멍과 본체 쪽 구멍을 합체하여 리벳으로 고정한다.
④ 본체 좌우에 스프링도트를 박는다.

완 성 !

Advice

리벳과 스프링도트를 달아 고정하는 것만으로 완성되는 간단한 형태의 키케이스. 조립 시 주의사항은 없습니다.
가죽은 적당한 두께에 강도도 있는 것을 선택하여야 형태가 유지됩니다. 금속장식은 자유롭게 선택할 수 있으므로 여러 종류를 조합해도 재미있습니다.
분위기를 바꾸고 싶을 때는 안감을 만들어도 좋습니다. 조립 전에 얇은 가죽(돈피 등)을 붙이면 됩니다. 또한 구부리는 디자인을 활용해서 가죽용 잉크를 사용해 스탬프를 찍는 등, 무늬를 만들어도 좋습니다. 심플하지만 응용도 할 수 있는 디자인입니다.

Basic key case
베이직 키케이스

흔히 볼 수 있는 타입의 키케이스.
안감을 달아서 단정해 보입니다.
테두리 전체를 바느질해서
실의 컬러가 액센트가 됩니다.
가죽과 실, 금속장식의 색 조합을 연구해서
취향에 맞는 작품을 만들어봅시다.

남녀노소 누구나 사용할 수 있는 베이직한 디자인이어서 선물로도 최적. 색 조합에 따라 분위기가 다르므로 개성을 뽐낼 방법을 찾아보자

패 턴 Pattern

● 사용한 가죽…누메로 또는 오일풀업
본체 두께 1.6mm 안감A~C 1.0mm 정도

8호
(2.4mm)

본체

15호
(4.5mm)

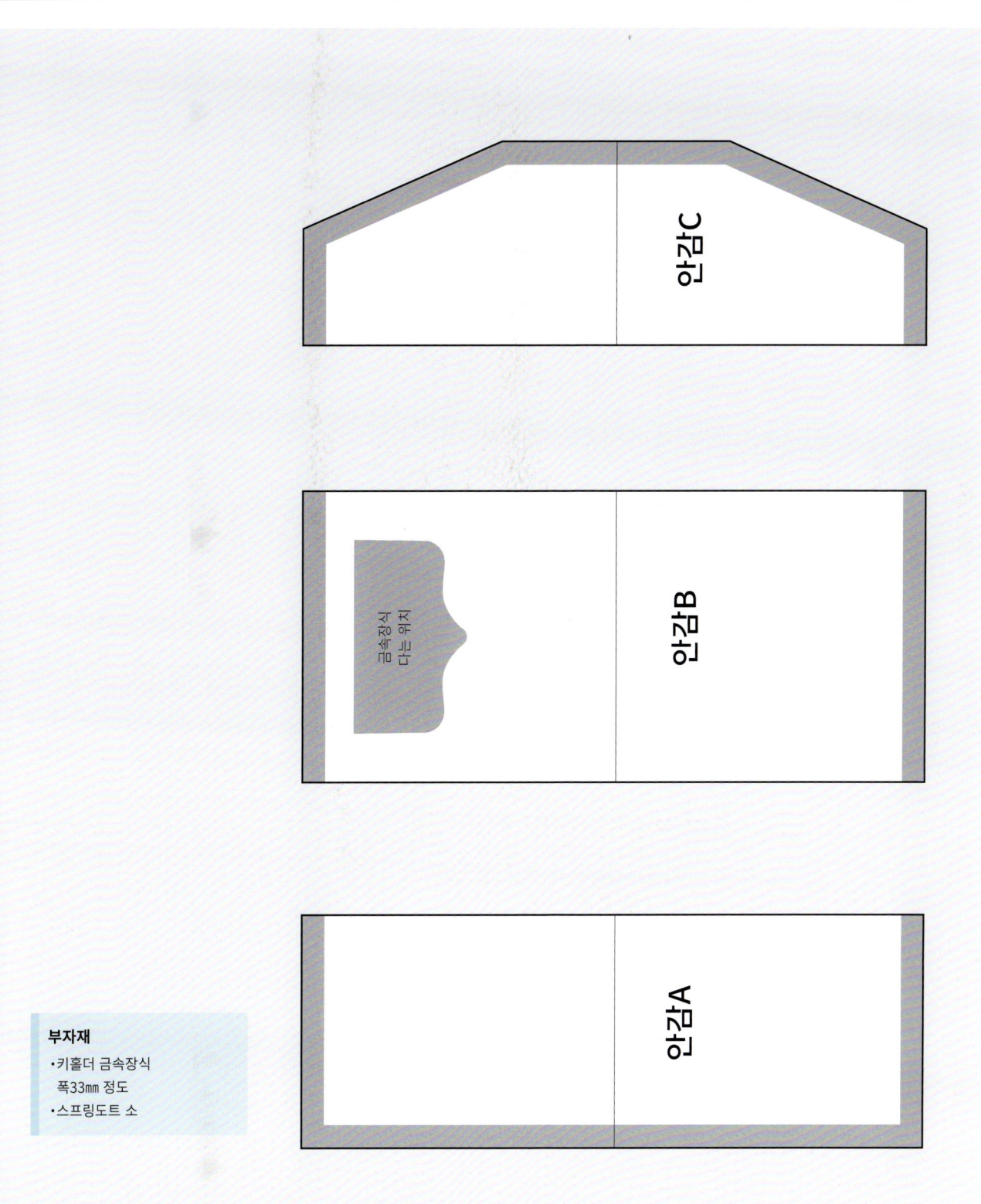

Basic key case

부자재
- 키홀더 금속장식 폭33mm 정도
- 스프링도트 소

조 립 Assembly

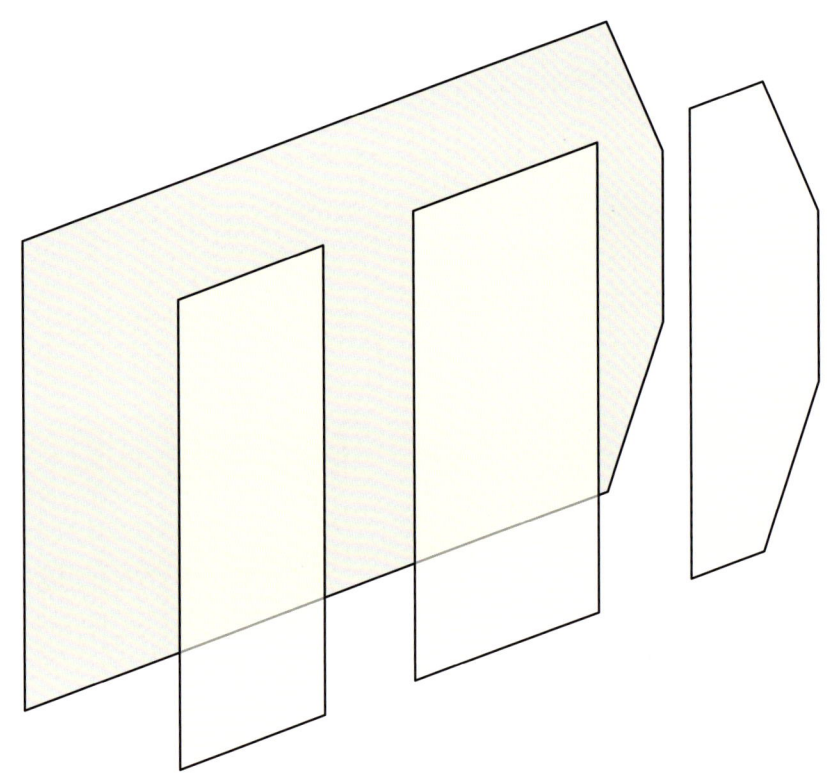

순서

① 안감B의 금속장식 위치에 키홀더를 맞추어 구멍 위치를 찍어 표시한다.

② 표시 위치에 금속장식에 맞춘 큰 구멍을 뚫는다. 세이와에서 나온 4개짜리 키홀더 라면 '리벳 작은 것 양면 짧은 발'을 달고 7호(2.1㎜) 펀치를 뚫으면 된다.

③ 안감A~C와 본체를 붙인 다음 전체를 바느질한다.

Check! 완성품은 한 눈에 보았을 때 바느질이 눈에 띄므로 안감이 안 붙은 부분에도 바느질한다. 파츠별로 따로따로 바느질해도 된다.

④ 본체 패턴에 기재된 단추 위치에 안감에 표시된 구멍을 뚫고 단추를 단다.

Check! 본체의 모서리가 커트된 쪽이 위에서 겹쳐지기 때문에, 이쪽에 스프링도트 머리를 단다.

완성!

Advice

안감을 단 가죽소품은 확실히 완성도가 올라간 느낌이 듭니다. 금속장식도 전용 키홀더를 사용하기 때문에 기능성도 충분합니다. 오랫동안 사용할 수 있는 아이템입니다.
조립은 어렵지는 않지만 금속장식을 다는 위치가 어긋나면 바로 표시가 납니다. 위치를 잘 맞춰서 정확한 센터와 평행이 되도록 체크합시다. 금속장식 구멍 위치 안쪽에 표시한 후 구멍을 뚫으면 정확합니다. 리벳을 박을 때 힘이 약하면 장식을 단 후 덜렁거릴 수 있기 때문에 힘주어 박고, 잘 박혀있는지 확인하도록 합시다.

Basic key case

Bell-shaped key case
종모양 키케이스

종모양 본체 안에 열쇠를 수납하고
사용할 때만 빼내는 타입입니다.
심플하면서 독특한 디자인은,
수제품의 내츄럴한 분위기와 잘 맞습니다.
베이직한 디자인에 익숙해지면
이 디자인에 도전해봅시다.

2장의 파츠를 바느질한 본체에 금속 장식 벨트가 달려있다. 이 책 패턴은 2개 정도의 열쇠를 넣을 수 있도록 설계했다

패턴 Pattern

● 사용한 가죽…누메로 또는 오일풀업 1.8mm 두께

본체
2장

8호
(2.4mm)

벨트

12호
(3.6mm)

부자재
- 황동 D링 16mm
- 미니 스프링도트
- 황동 이중링 20mm
- 황동 키개고리
 (2~3개)

조 립 Assembly

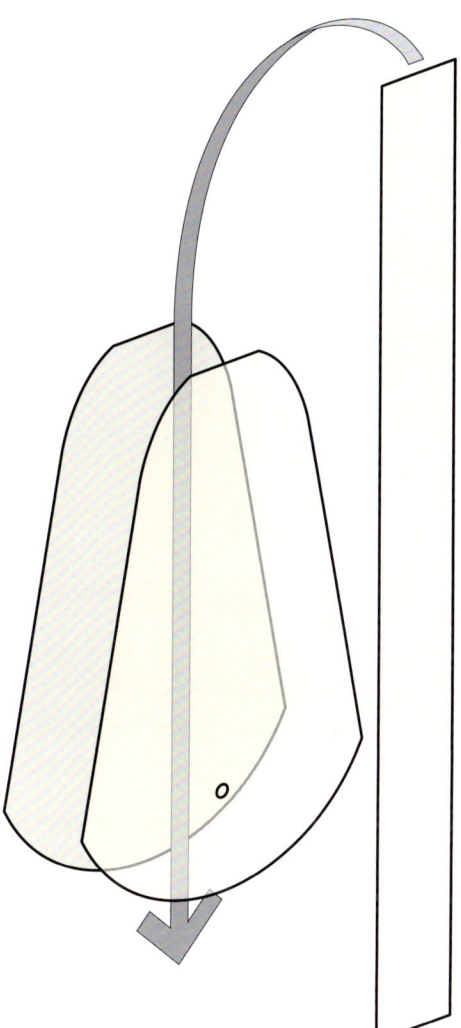

순서

① 2장의 본체 중 한 쪽에 원형 펀치를 뚫고, 단추 몸체를 단다.

② 본체를 맞붙이고, 양 사이드를 바느질 한다. 바느질선 양 끝은 휘감아서 보강 한다.

③ 본체 상부에 벨트를 끼운다.

> Check! 헐렁하지 않고 딱 맞게 단다. 처음엔 뻑뻑해도 시간이 지나면서 공간 여유가 생긴다. 또한 벨트 바닥면을 본체 단추가 달리는 쪽으로 붙인다.

④ 벨트 상부에 D링을 통과한 후 바느질해서 고정한다.

⑤ 벨트 상부의 구멍에 단추 머리를 단다.

⑥ 벨트 하부에 이중 링을 통과한 후 바느질해서 고정한다.

⑦ 이중링에 키개고리를 단다.

완성!

Advice

스탠다드한 사이즈의 열쇠를 달면 수납할 때 끝이 1㎝ 정도 튀어나오도록 설계하였습니다. 이것은 완전히 집어넣으면 빠져나오지 못하도록 하는 용도입니다. 크기를 바꿔서 만들 수도 있으므로 패턴을 변형해봅시다.

벨트는 본체를 바느질한 후 통과합니다. 지정한 가죽(두께 1.8㎜ 정도)를 사용하면 딱 맞게 설계할 수 있습니다. 처음에는 빳빳한 느낌이지만 사용하다보면 느슨해집니다. 두껍거나 단단한 가죽을 쓰는 경우는 단면에 토코놀을 바르고 사이에 둥근 물건을 넣어 당기면서 쓰면 늘어납니다.

다양하게 응용할 수 있는
수납 아이템

가죽이라 하면 케이스, 케이스라 하면 가죽.
다양한 모양의 동전지갑 4종에
다양한 용도로 활용할 수 있는 서류 봉투를 더해서
총 5종의 아이템을 소개합니다.
동전지갑의 사이즈를 변경해서
또 다른 아이템으로 응용할 수 있습니다.

- 아웃스티치 동전지갑 ………………… P.42
- 인스티치 동전지갑 …………………… P.48
- 상자모양 동전지갑 …………………… P.52
- L자 지퍼지갑 ………………………… P.56
- 서류 봉투 …………………………… P.64

Outseam coin case
아웃스티치 동전지갑

바깥쪽을 꿰매서 봉투 모양을 만드는 동전지갑.
굵은 실을 사용하면 바느질땀이 액센트가 되고
아웃스티치 특유의 소박한 분위기가 살아납니다.
형태를 바꾸는 것도 쉽습니다.
입구에 지퍼를 달아서 편리하게 쓸 수 있고
활용도도 높은 아이템입니다.

패턴 Pattern

● 사용한 가죽…누메로 또는 오일풀업 1.6㎜ 두께

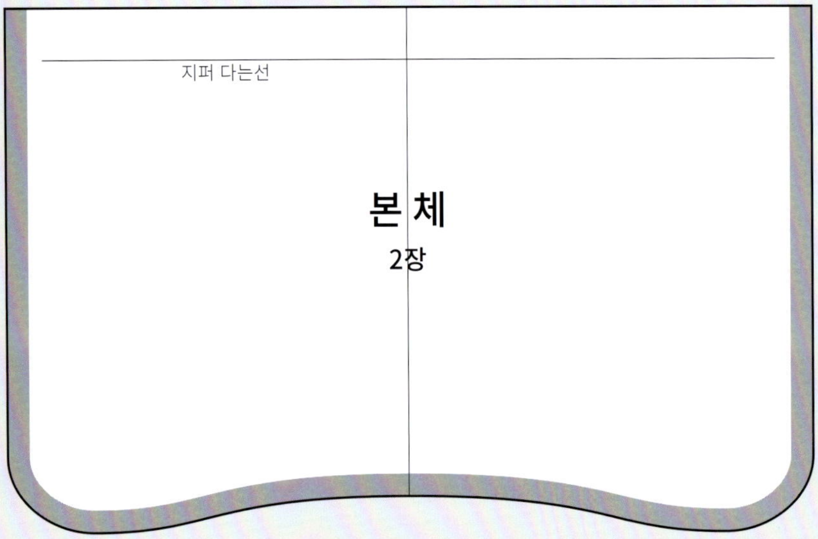

지퍼 다는선

본체
2장

부자재
• 지퍼 10cm

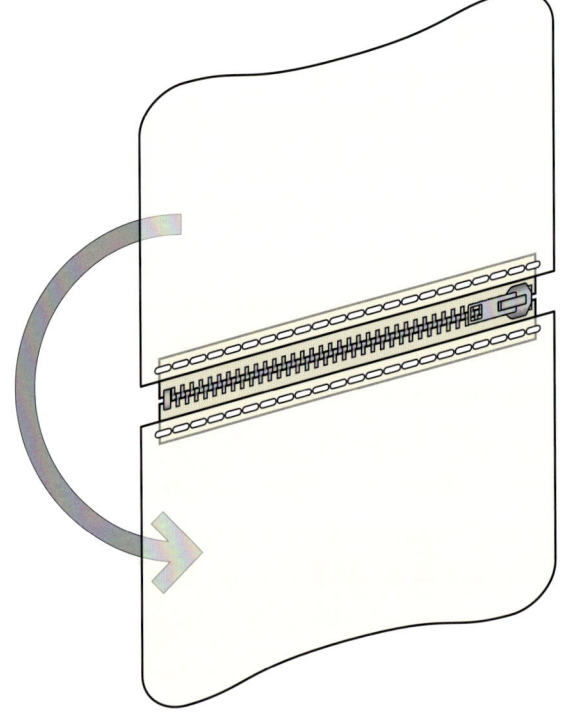

조립 Assembly

순서

1. 지퍼 천 끝을 'Point 1'의 방법대로 처리한다.
2. 지퍼 테이프와 본체를 맞붙인다('Point 2' 참고).
3. 맞붙인 본체와 지퍼를 함께 바느질한다.
4. 지퍼를 중앙에서 구부리고 본체 바닥면을 안쪽으로 해서 접착제를 붙여 합체한다.
5. 붙인 부분을 바느질한다.

완성!

Advice

48페이지에서 소개하는 '인스티치 동전지갑'과 대비되는 아이템입니다. 대체적으로 비슷한 구조이면서도 바느질 방법이 달라 느낌이 사뭇 다릅니다.
본체 파츠의 상부(입구쪽)에 지퍼를 단 후, 본체를 바느질해서 완성합니다. 바느질땀과 가죽 단면이 바깥에 드러나므로 실과 가죽의 소재감이 두드러져서 내츄럴합니다. 바느질땀이 눈에 띄기 때문에 손바느질용의 굵은 실을 사용해서 액센트를 주면 좋습니다. 가죽 컬러는 실색과 조화가 되도록 고릅시다. 색 매칭에 자신이 없다면 흰색이나 베이지색 같은 옅은색 실을 고르면 실패하지 않습니다.
단면은 확실히 광을 내서 마감하면 좋습니다. 광택 없이 거친 느낌으로 놔두어도 괜찮습니다.

Point 1

지퍼 처리

지퍼 테이프 부분은 여닫는 위치에 맞춰 접어서 처리합니다. 여기서는 양 끝을 접어서 처리하는 개구리접기 방법을 소개합니다.

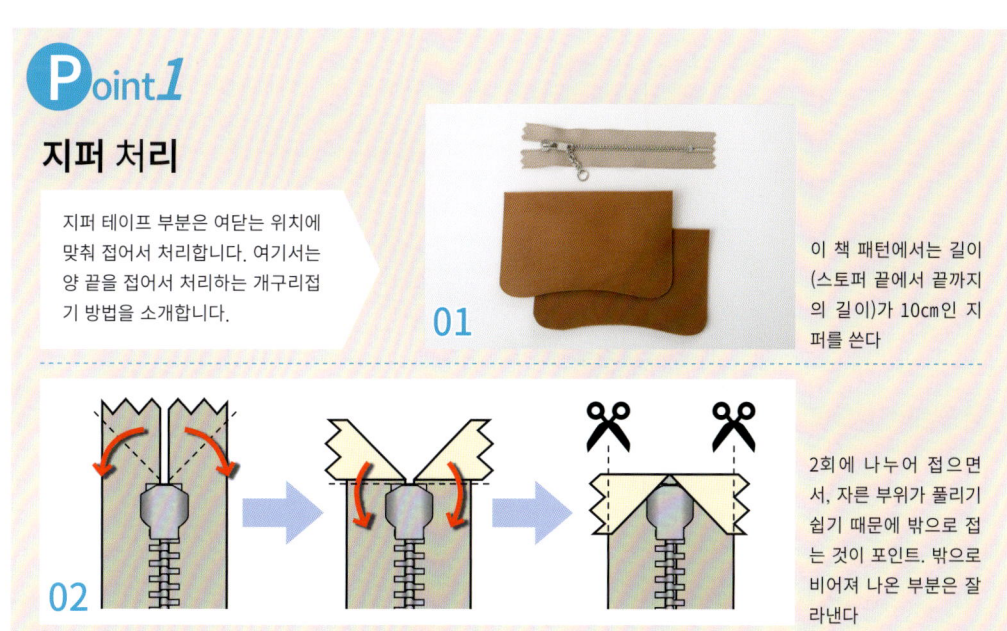

01
이 책 패턴에서는 길이(스토퍼 끝에서 끝까지의 길이)가 10cm인 지퍼를 쓴다

02
2회에 나누어 접으면서, 자른 부위가 풀리기 쉽기 때문에 밖으로 접는 것이 포인트. 밖으로 비어져 나온 부분은 잘라낸다

조 립 Assembly

Point 1 지퍼 처리

03

테이프 뒤쪽, 금속장식부터 끝까지 고무 접착제를 바르고 자른 부분이 밖으로 나오게 접은 후 붙인다

04

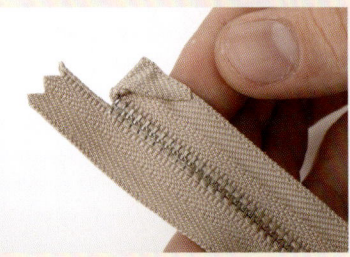

추가로 아래로 향하게 접는다. 고무 접착제는 그 위에 겹쳐서 바른다. 양쪽 끝, 총 4군데를 동일하게 작업한다

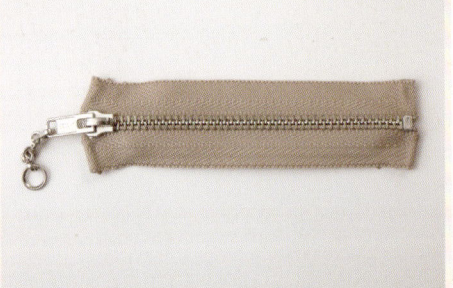

Point 2 지퍼를 본체에 붙이기

01

지퍼 테이프 표면 바깥쪽에 2mm 두께 양면 테이프를 붙인다. 지퍼를 당겨서 아래에 놓고 본체쪽 위치를 체크하면서 붙인다. 양면 테이프가 없으면 고무 접착제도 좋으나 바깥으로 비어져 나오지 않도록 주의

02

2장의 본체 파츠가 좌우 대칭이 되도록 지퍼를 균등하게 붙인다. 지퍼와의 간격이 균등하게 되도록 지퍼 양 끝 간격을 잘 맞추어야 한다. 밸런스를 지켜 붙인 후 본체와 맞붙은 부분을 바느질한다

Outseam coin case

단면과 바느질땀이 감춰져서 부드러운 느낌과 여성적인 이미지가 된다. 본체가 구부러져 그 자체가 얇은 판의 기능을 하므로 수납력도 좋다.

Inseam coin case
인스티치 동전지갑

볼록하고 소프트한 인상의 동전지갑.
아웃스티치와 대조 되는 '인스티치'로 만듭니다.
아웃스티치와 대체적으로 같은 구조여도
분위기는 완전히 달라집니다.
뒤집은 후의 폼이 깔끔하게 만들어지도록
파츠 단계에서부터 신경써서 만듭시다

패 턴 Pattern

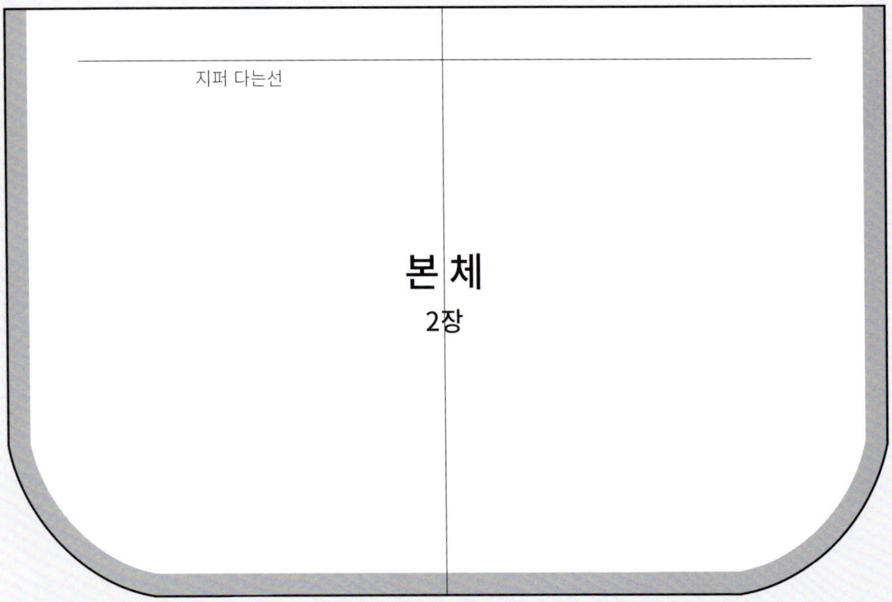

지퍼 다는선

본 체
2장

● 사용한 가죽…누메로 또는 오일풀업 1.0mm 두께

부자재
• 지퍼(10cm)

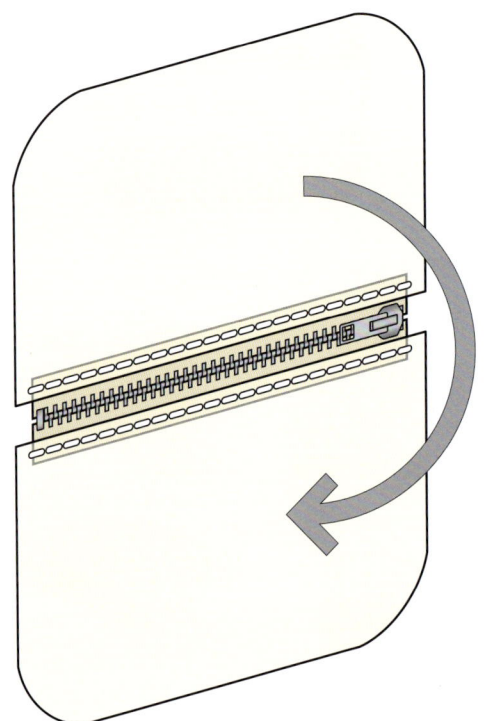

조 립 Assembly

순 서

1. 아웃스티치 동전지갑과 같은 순서로 지퍼를 본체 입구에 바느질한다.
2. 본체 겉면을 붙여서 합체하고 사이드를 바느질한다.
3. 지퍼를 열고 바닥 부분을 입구로 꺼내 본체를 뒤집는다.
4. 입구에서부터 손을 넣어 바닥과 측면을 뒤집어 형태를 만든다.

완 성 !

Advice
옆면을 피하면 만들기 쉽다

본체를 뒤집는 인스티치 방식에서는 바느질 부분(바닥면)을 얇게 피하면 뒤집을 때 바느질부분이 힘을 덜 받아 만들기 좋습니다. 인스티치 작품을 만들 때는 꼭 해두는 것이 좋습니다.

지퍼를 바느질하기 전에 본체 바닥면 가죽 중 지퍼 부분을 제외하고 3면을 피한다. 피할 면적은 접착제를 붙이는 범위 정도

Point 1
본체 뒤집는 법

바느질을 끝낸 본체를 뒤집을 때 가죽 은면에 상처가 나거나 주름이 갈 수 있기 때문에 주의해서 뒤집어야 합니다.

01

앞서 소개한 아웃스티치 동전지갑과 같은 요령으로 본체 입구에 지퍼를 달아 바느질한다. 은면을 맞대어 지퍼 일부를 붙이고 본체 측면을 바느질한다.

02

지퍼를 열고 본체 바닥 한쪽 모서리에 손가락 끝을 대고, 입구쪽을 향해 밀어넣는다. 밀어 넣은 모서리를 입구로 빼낸다.

03

남은 모서리도 입구에서 빼낸다. 본체 측면의 바느질한 부분 양쪽을 벌리면 형태가 완성된다.

Box coin case
상자모양 동전지갑

원 피스 구조로 가볍게 만들 수 있고
뚜껑이 달려 쓰임새도 좋은 스타일.
네 모서리의 단면을 내놓은 바느질 땀이
디자인상 액센트도 됩니다.
곡선의 형태가 살아나서
부드러운 분위기도 느낄 수 있습니다.

본체의 측면 부분이 옆판이 되면서 전후가 본체가 된다. 뒤쪽 본체는 뚜껑도 된다. 바닥은 완전히 접히지 않고 부드럽게 접히는 것이 포인트

같은 형태의 원 피스 구조로 각 부분 사이즈를 응용하면 미니 동전지갑도 만들 수 있다

패 턴 Pattern

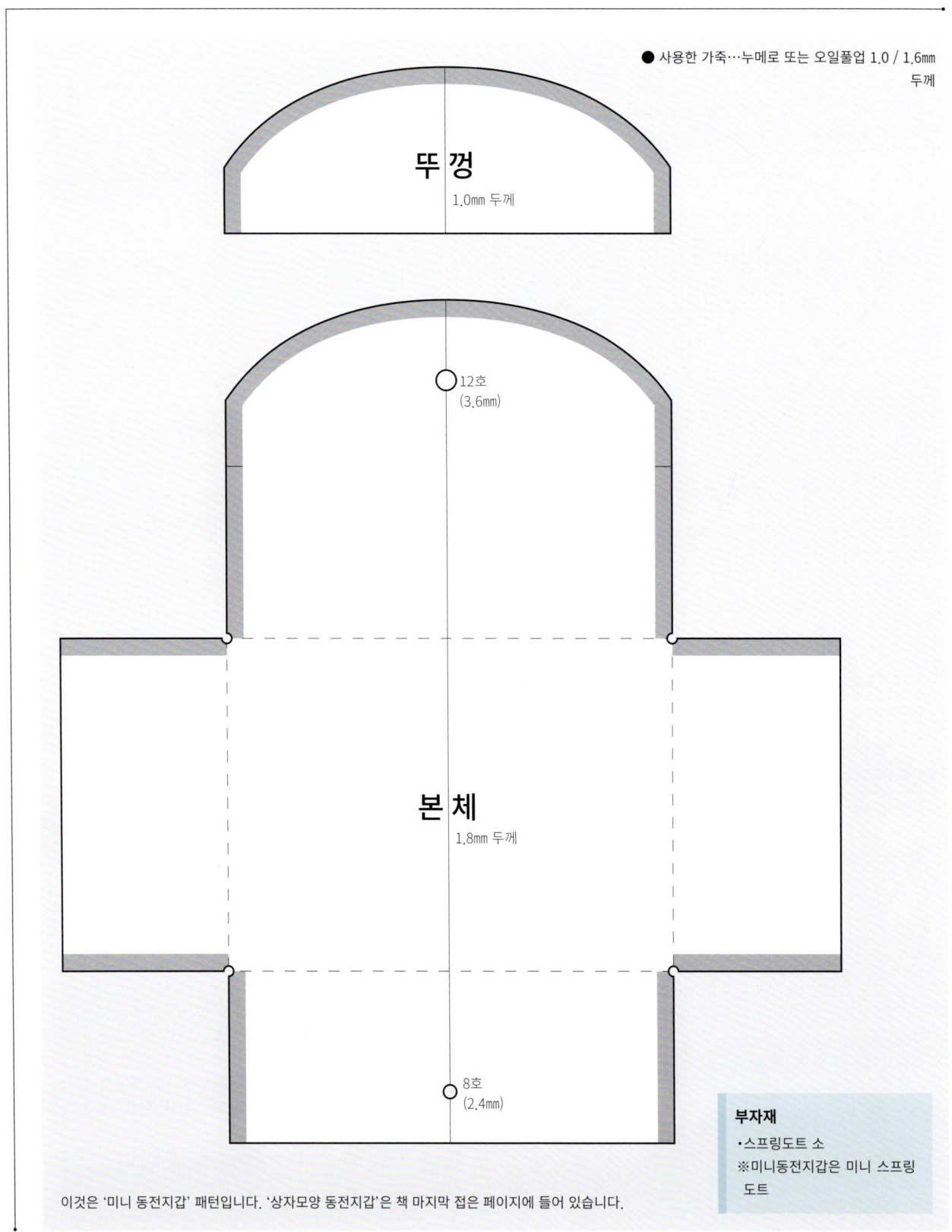

조 립 Assembly

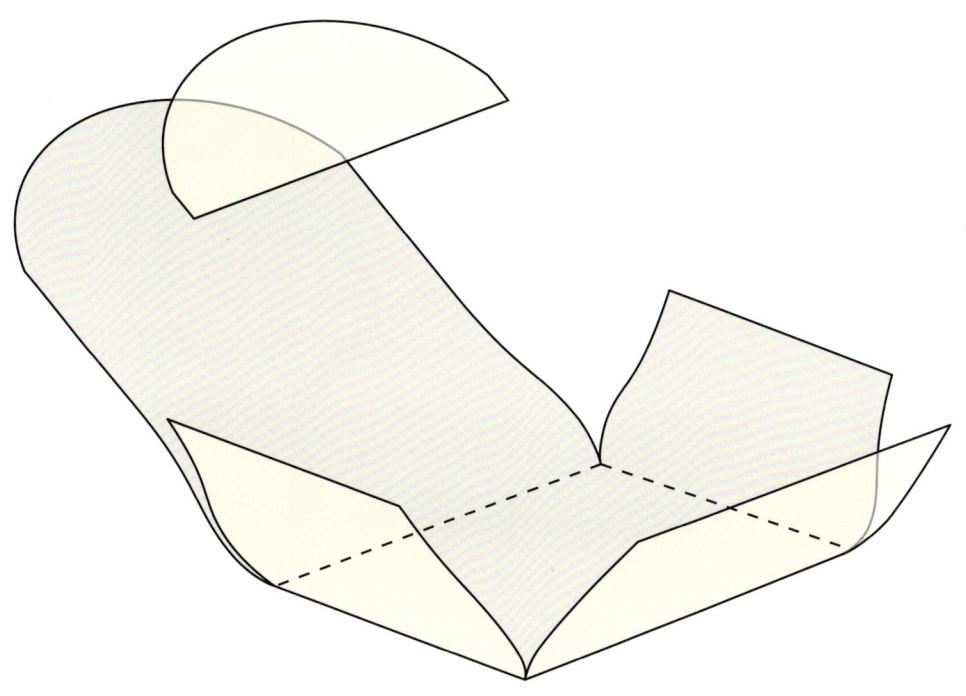

순 서

① 본체 뚜껑 부분 안쪽에 '뚜껑'을 바느질한다.

② 본체 뚜껑 부분에 '뚜껑'과 함께 구멍을 뚫고 스프링도트 머리를 단다. 본체 쪽에는 단추 몸통을 단다.

③ 네 방향으로 벌어진 본체 사이드를 접어가며 바느질해서 상자모양을 만든다. 바느질땀 끝은 단면에 걸쳐서 묶어 보강하면 좋다.

④ 옆판 부분을 부드럽게 접어 형태를 만든다.

완 성!

Advice

입체적인 구조이지만 원 피스 패턴이어서 맞닿는 부분을 바느질하면 완성되기 때문에 가볍게 만들 수 있습니다. 잘 늘어나지 않는 베지터블 가죽을 사용해서 곡선감이 살아나는 형태로 만들면 좋습니다. 단단한 가죽 또는 부드러운 가죽을 사용하면 모양이 완전히 달라집니다.
이 구조는 각 부분 치수를 조절하면 형태가 또 달라지기 때문에 활용하기 좋습니다(맞닿는 부위의 바느질땀 길이는 동일하게 해주세요). 직선이나 곡선으로 짜서 오리지날에서 편집할 수 있습니다. 본체와 뚜껑 밸런스가 맞지 않으면 동전이 빠져나오기 때문에 가죽으로 만들기 전에 종이 등으로 샘플을 만들어보고 작업합시다.

L-shaped fastener coin case
L자지퍼 지갑

D링과 지퍼 손잡이를 가죽끈에 달면 어린이용 지갑으로도 활용 가능. 목에 걸면 잃어버릴 염려도 없다

입구가 크게 열리는 L자형 지퍼.
카드나 지폐도 가볍게 넣을 수 있는 수납력.
가죽의 내츄럴한 풍미가 살아나고
기능성과 디자인의 밸런스를 잡을 수 있어
남녀 누구에게나 인기를 끄는 아이템입니다.
지퍼 다는 방법이 포인트.

패 턴 Pattern

부자재
- 지퍼(20cm)

내부 포켓

1.0mm 두께

D링 고리

1.8mm 두께

L-shaped fastener coin case

조 립 Assembly

순 서

1. 접는 선에 맞추어 내부 포켓을 접고 ㄷ자 모양 접착 부위를 따라 바느질한다.
2. 지퍼의 상단 스토퍼(열었을 때 슬라이더 쪽)만 테이프를 접어 처리한다(테이프 처리 방법은 p.45의 '지퍼 처리' 참고).
3. 본체 지퍼를 붙이는 범위에 바느질 구멍을 뚫는다('Point 1 바느질 구멍 뚫기'를 참고).
4. 지퍼 양 사이드에 2mm 폭 양면 테이프를 붙이고 본체의 붙이는 선에 맞춰 붙여 둔다('Point 2 입체적으로 지퍼 다는 방법).
5. 지퍼를 바느질한다

   Check! 지퍼는 양사이드를 하나씩 바느질한다. 중앙부분(본체 접는 선)을 넘어갈 때, 지퍼 바깥쪽 가죽만 바느질하므로 주의한다('Point 3 지퍼 바느질' 참고).

6. D링 고리에 D링을 통과하고 반으로 접어 끝을 5mm 정도 붙인다.
7. D링 고리와 내부 포켓을 본체에 대고 바느질해서 합체한다(Point 4 본체를 바느질해서 합체하기 참고),

완 성 !

Advice

지퍼를 붙이는 과정이 포인트입니다. 양사이드가 균등한 폭으로 붙지 않으면 구부리거나 뚜껑을 열 때 본체 형태가 찌그러지게 됩니다. 가이드라인이 되는 지퍼 다는선을 확실히 눌러두어 본체의 밸런스를 잘 잡아서 붙여주세요. 고무계열 접착제로 붙여도 좋지만, 붙였다 뗐다 하며 조정할 수 있는 양면 테이프가 편합니다. 고무계열 접착제도 다시 붙일 수 있지만 접착력이 강해서 뗄 때 가죽이 망가질 수도 있으니 주의해야 합니다.

사이즈를 조절하거나 각 치수를 바꾸어서 비율을 바꿔도 됩니다. 다만 지퍼 길이가 변경되니 주의해야 합니다.

Point 1

바느질 구멍 뚫기

지퍼와 본체를 붙이기 전에 본체에 구멍을 뚫어둡니다. 기준점이 되는 양 끝, 센터에 구멍을 냅니다.

01

지퍼를 붙이는 위치(패턴 참조)에 맞춰 은면에 바느질선을 긋는다(이 책에서는 끝에서 3mm)

02

바느질선 양 끝과 센터에 원형 송곳으로 구멍을 한 개씩 뚫는다. 센터는 자로 재어서 정확한 위치에 뚫어야 한다

L-shaped fastener coin case

Point 1 바느질 구멍 뚫기

03

끝 쪽 한 곳에서 바느질 구멍을 뚫어나간다. 센터의 원형 송곳 위치는 간격이 균등하게 되도록 구멍 위치를 잘 맞추어 뚫는다

ㄷ자 형태로 바느질구멍을 뚫는다. 본체를 반으로 접으면 L자가 된다. 지퍼 테이프 부분에는 바느질 구멍을 뚫지 않으므로, 붙인 후 이대로 손바느질해서 합체한다

Point 2

입체적으로 지퍼 다는 방법

지퍼를 구부리면서 입체적으로 붙이는 형태이기 때문에 늘어나거나 구불거리기 쉬워서 요령이 필요. 붙이는 선을 잘 표시합시다.

01

본체 바닥면(구멍을 뚫은 뒷면)에 패턴의 지퍼 다는선을 긋는다. 끝에서 6mm 위치이므로 디바이더를 6mm로 설정하고 한쪽 끝을 단면에 대면서 그으면 된다

02

위쪽만 개구리접기를 한 지퍼(처리 방법은 p,45) 겉면 양 끝에 2mm 폭 양면 테이프를 붙인다

03

지퍼를 열고 한 쪽만 그은 선에 대고 붙인다. 테이프 끝을 2개째 구멍에 맞춘다

04

커브 부분은 붙이지 않고 띄운 채, 센터까지 붙인다. 지퍼 하단 테이프는 본체 안쪽으로 숨긴다

조 립 Assembly

Point 2 입체적으로 지퍼 다는 방법

05

커브 부분은 테이프가 남으므로 주름을 균등하게 주면서 깔끔하게 붙인다. 먼저 커브 중앙을 중심으로 테이프를 2개로 균등하게 나누고 좌우, 중앙을 표시한다

06

4개로 균등하게 나뉘면 위에서부터 눌러서 압착한다. 테이프의 겉면에서 봤을 때 자연스러운 커브가 생기도록 신경쓴다

지퍼의 한쪽을 붙인 상태. 테이프 전체 상태가 주름이 지거나 구불거리지 않아야 한다

07

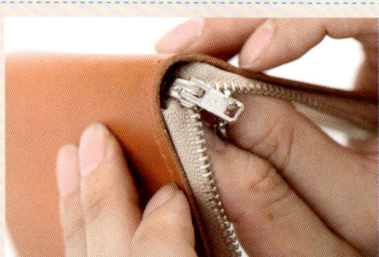

이어서 앞서와 동일한 요령으로 남은 한 쪽도 붙여나간다. 중앙까지 붙일 때, 양 끝이 같은 높이로 보이도록 붙여나간다. 깔끔하게 붙지 않았을 때는 다시 붙여야 한다

08

다 붙였으면 지퍼를 닫아 전체 균형이 맞는지 확인한다. 바느질 한 후에는 수정할 수 없으니 이 시점에 확실히 체크해야 한다

Point 3 지퍼 바느질

01

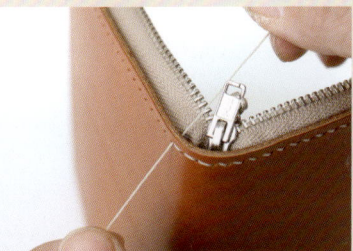

바느질은 앞서 뚫어놓은 구멍에 대고 꿰매면 된다. 다만 지퍼를 붙이지 않은 센터는 가죽만 구멍 뚫은 상태가 되므로 주의한다

02

지퍼를 붙이지 않은 범위를 지나면 바늘을 지퍼에 통과하고 당겨서 묶어준다

Point 4

본체 바느질

지퍼를 바느질한 본체를 반으로 접어 내부 포켓과 D링 고리를 달고 함께 바느질합니다.

내부 포켓은 접고 접착제를 발라 바느질한 상태(순서 ①). D링 고리는 반으로 접어서 끝에서 5mm 정도를 붙인다(순서 ⑥)

01

02

01 본체 상단에 맞춰 D링 고리를 접착한다. 폭 8mm 정도 겹치도록 계산하는데, 가죽이 대칭이 되면 OK
02 D링 고리 바로 아래에 내부 포켓을 붙인다. 이쪽은 끝을 딱 맞춘다

03

04

03 D링 고리와 내부 포켓을 겹치듯이 해서 본체를 접고 확실히 붙여준다
04 이 다음부터는 통상적인 손바느질로 바느질해서 완성. 다만 D링 부분은 두께가 있기 때문에 목타로 뚫지 말고 마름 송곳으로 관통해서 구멍을 내는 게 좋다

A4 사이즈의 서류를 수납할 수 있는
봉투형 수납 아이템.
면적이 크기 때문에
소재감이 바로 나타나는 작품입니다.
만들 때는 가죽의 질감을
느끼면서 작업해 보세요.

Document case
서류 봉투

앞뒷판을 바느질해서 합치고 고리와 버튼을 달아 완성하는 심플한 구조. 통옆판(p.100)이나 분할옆판(p.110)과 조합해서 만들면 수납력이 더욱 UP. 클러치백으로도 활용할 수 있다

패 턴 Pattern

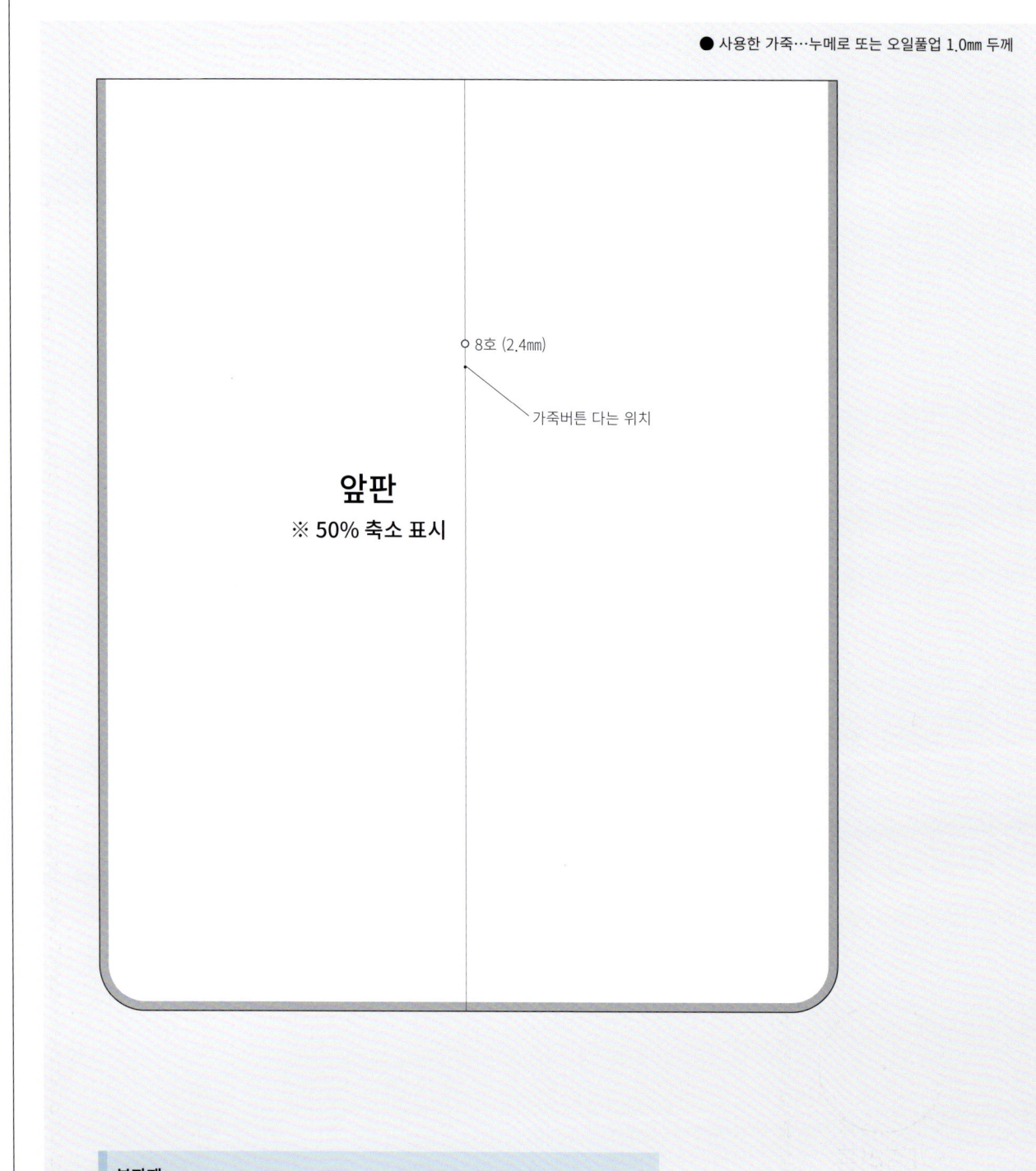

● 사용한 가죽…누메로 또는 오일풀업 1.0mm 두께

8호 (2.4mm)
가죽버튼 다는 위치

앞판
※ 50% 축소 표시

부자재
- 사슴가죽줄 3mm 폭(300mm정도)
- 황동비즈 원통형 2개 내외
- 코너 장식(30mm)×2
※비즈는 취향대로

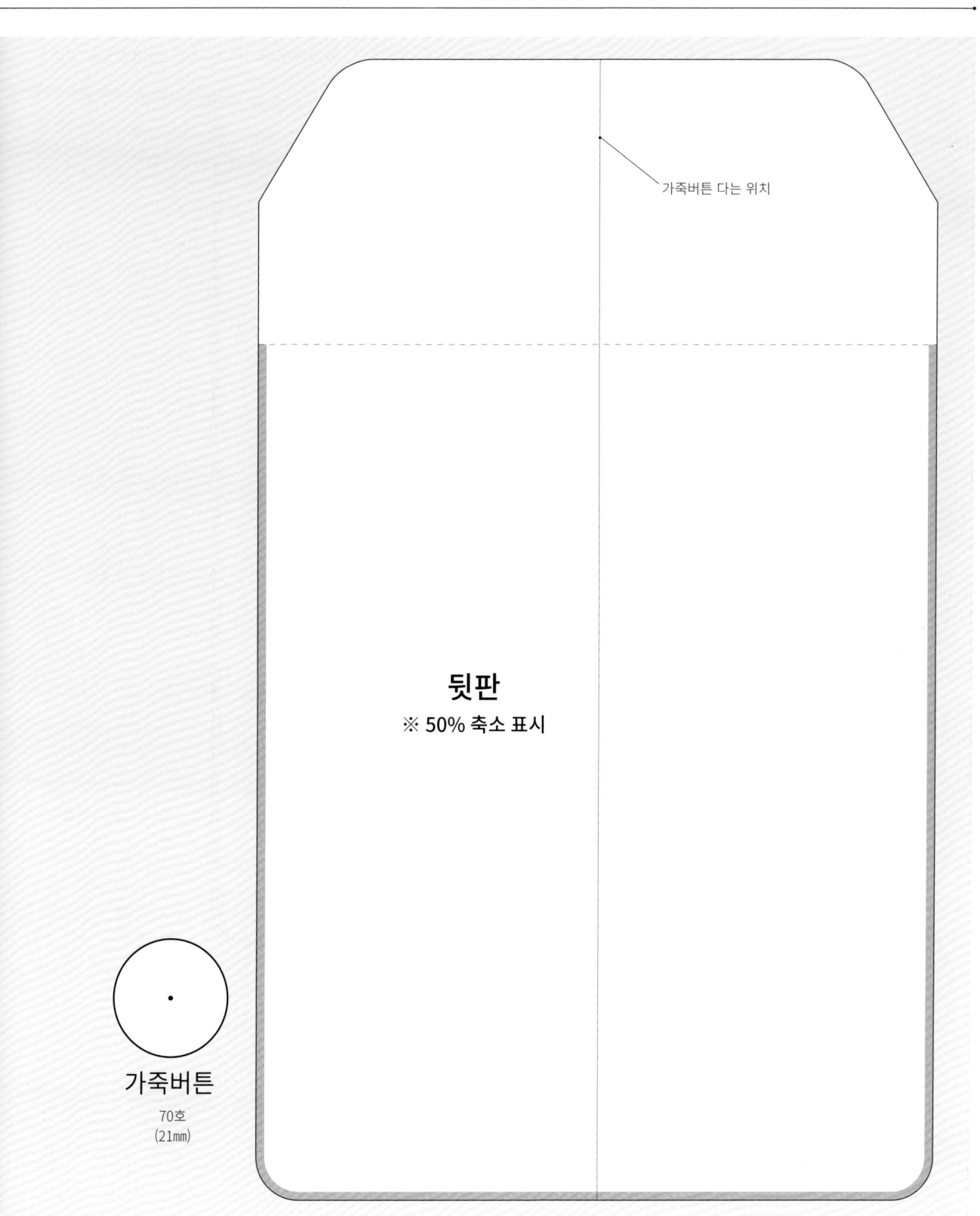

조 립 Assembly

순서

① 가죽버튼 잘라서 앞판과 뒷판의 은면의 지정된 위치에 바느질해서 단다.

Check! 가죽버튼 대신 자석 단추나 솔트리지, 스냅단추 등을 달아 고리로 사용해도 좋다.

② 사슴가죽줄 한쪽 끝을 묶어 바닥면에서 앞판의 지정된 위치에 통과해준다.

Check! 바깥에 드러나는 사슴가죽줄 끝은 황동 비즈 등으로 꾸며서 마감한다.

③ 앞판과 뒷판을 접착제로 붙이고 뒷판 뚜껑 부분을 제외하고 전면부를 바느질한다.

Check! 앞판·입구 단차 부분은 보강하기 위해 땀을 겹친다. 뚜껑은 장식용 바느질을 해도 되고 안 해도 된다. 바느질 분량이 많기 때문에 실을 나누어 가면서 바느질하는 게 편하다. 이 경우는 바닥 양 귀퉁이에서 바느질을 끝내면 코너 장식으로 가려줄 수 있다.

④ 바닥 양 귀퉁이에 코너 장식을 달아준다.

완성!

Point 1

코너 장식 다는 방법

본체 아래쪽 모서리 보강 및 디자인 요소로 쓰이는 코너 장식. 다는 방법은 아주 단순해서 양 끝에 고정하기만 하면 끝.

금속으로 만든 코너 장식 안쪽에 가죽을 끼워 넣고 양 끝을 눌러서 고정한다

01

금속장식 사이에 본체 모서리를 끼워넣고, 금속장식에 상처가 나지 않도록 클램프 등으로 눌러준다. 양 끝이 평평해질 때까지 눌러주면 된다

02

반대쪽도 동일한 방법으로 끼워주면 완성. 떨어지지 않도록 접착제 등을 살짝 발라주면 더 좋다

Document case

여러 종류의
옆판 있는 가죽 소품

수납력과 기능성을 높인
가방 모양 아이템을 만들기 위해서
옆판은 피할 수 없는 과정.
손바느질로 완성하는 여러 종류의 옆판으로
개성적인 작품을 만들어보았습니다.
다른 작품을 만들 때도
도움이 될 기술입니다.

- 접는 옆판 카드지갑 ……………… P.72
- 스플릿 옆판 카드지갑 …………… P.78
- 넓은 옆판 필통 …………………… P.84
- 옆판 일체형 필통 ………………… P.90
- 통옆판 클러치 …………………… P.100
- 분할옆판 클러치 ………………… P.110

V gusset card case
접는 옆판 카드지갑

부채 모양의 심플한 '접는 옆판'을 사용한
베이직한 모양의 카드지갑.
지폐나 동전 등
다양한 물건을 수납할 때도
활용할 수 있습니다.
여기서는 본체와 뚜껑이 합쳐진
원 피스 형태로 만들었습니다.

옆판 폭을 변경하면 열리는 구조를 수정할 수 있다. 닫아 놓으면 접히기 때문에 콤팩트해지는 것이 특징

패턴 Pattern

● 사용한 가죽…누메로 또는 오일풀업
1.0 / 1.8mm 두께

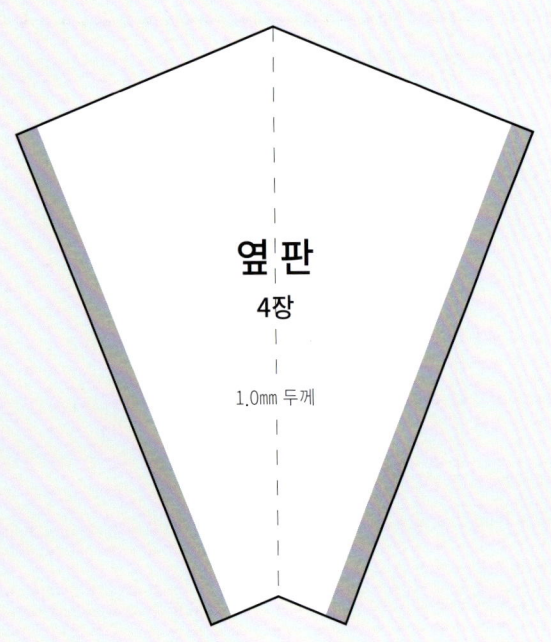

옆판
4장
1.0mm 두께

띠 1.8mm 두께

칸막이
1.8mm 두께

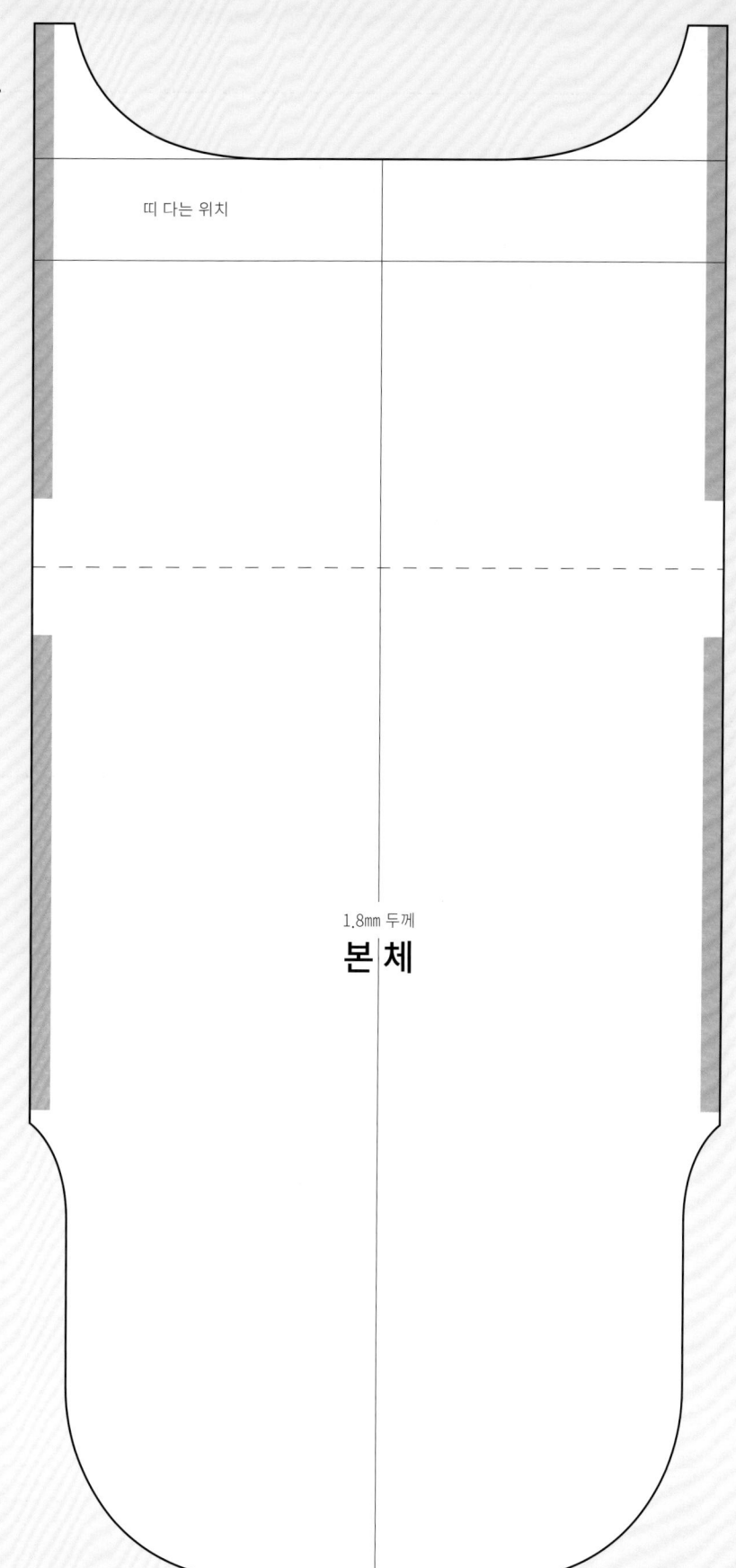

조 립 Assembly

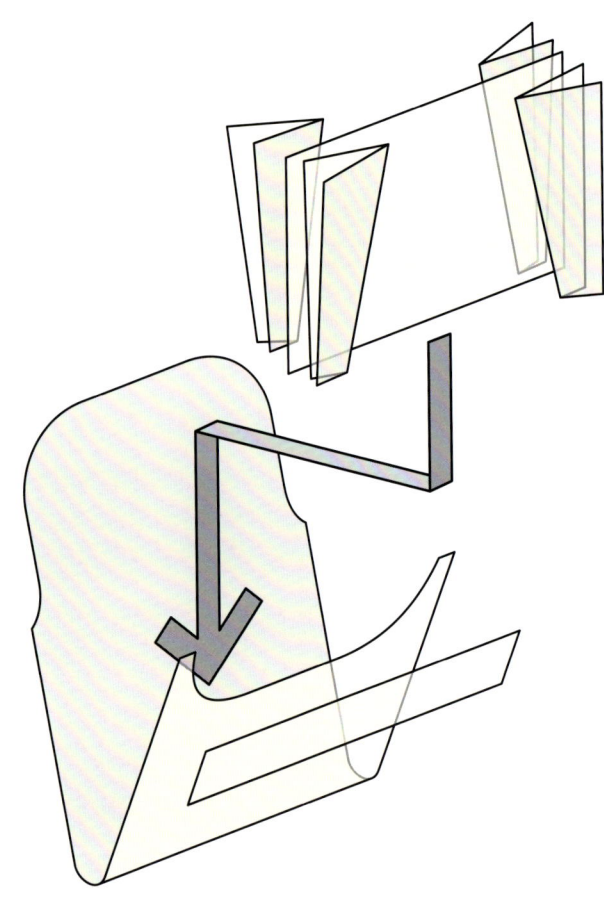

순 서

① 옆판은 4장 모두 은면을 안쪽으로 해서 센터를 중심으로 반으로 접어둔다.

② 양 사이드에 4장의 옆판 끝을 붙이고 바느질한다.

③ 본체의 '띠 다는 위치'에 띠가 살짝 뜨도록 붙인다.

> Check! 띠는 뚜껑을 끼우기 때문에 여유 공간이 있어야 한다. 또한 띠 패턴은 조금 길게 되어 있으므로 가죽 두께에 따라 조절하며 여유분을 잘라낸다.

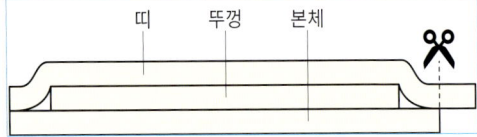

④ 본체를 접는 선에 맞춰 사이에 칸막이를 끼운다. 옆판 끝과 본체 접착제 부분을 붙인다.

⑤ 본체의 양 사이드, 옆판, 띠를 함께 바느질한다.

완 성 !

Advice

접는 옆판은 뚜껑을 닫으면 접히고, 사용할 때는 날개가 넓게 펼쳐지기 때문에 기능적입니다. 이 옆판은 여러 종류의 아이템으로 응용할 수 있어서 기억해두면 편리합니다.

옆판의 폭을 바꾸면 열리는 상태를 조절할 수 있습니다. 좌우 대칭으로 만들어야 하기 때문에 조금 까다롭지만 종이 등으로 접어서 만들어보며 익힙시다. 가죽을 고를 때는 열고 닫는 옆판이 부드럽게 움직이도록 본체보다 얇은 가죽을 사용하면 좋습니다.

뚜껑은 띠에 덮개를 끼워 고정하는 스타일이어서, 끼운 부분이 헐렁거리지 않을 정도로 만듭시다.

V gusset card case

Split leather gusset card case
스플릿 옆판 카드지갑

접는 옆판만큼 입구가 크게 열리지 않지만, 수납 스페이스가 직각으로 구분되는 타입

길고 가늘게 잘라낸 스플릿 가죽을 덧대기만 해도
분위기가 달라지는 스타일의 옆판입니다.
두터운 옆판을 깔끔하게 연마하면
디자인 상 액센트가 되고 임팩트도 커집니다.
명함이나 카드를 콤팩트하게 수납하는 타입을
선호하는 분들에게 추천하는 아이템.

패 턴 Pattern

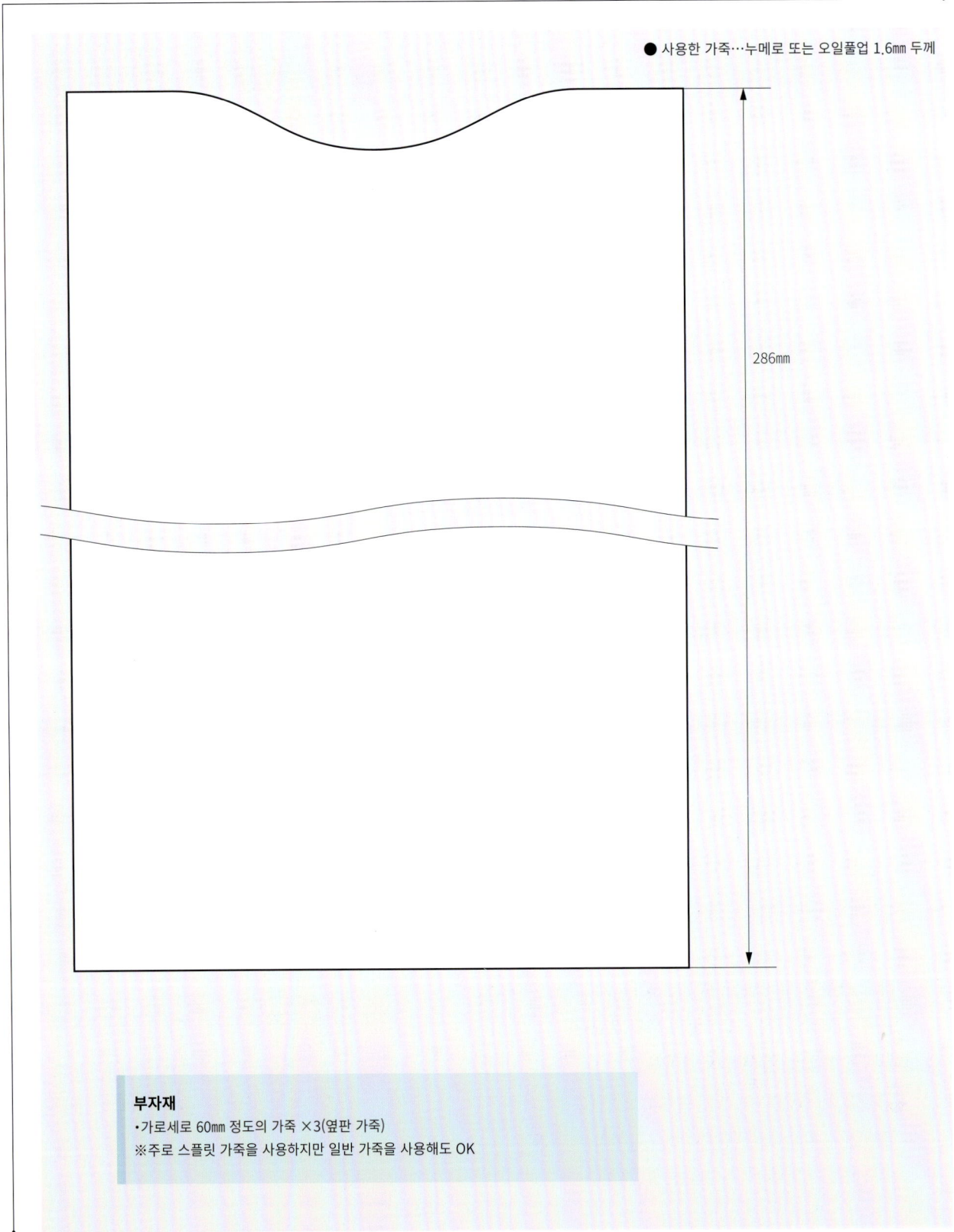

조 립 Assembly

순서

① 접착제를 붙이기 위해 옆판 가죽 은면을 거칠게 깎는다

② 옆판 가죽을 3중으로 겹쳐서 붙이고 롤러로 압착한다.

　Check!　모서리 한 곳을 딱 맞춰 붙이면 자를 때 편하다.

　Check!　겹치는 가죽의 색을 다르게 하면 스플릿 옆판이 액센트가 된다.

③ 맞붙인 스플릿 옆판 가죽을 폭 8mm 정도로 잘라낸다(※역자주: 스플릿 가죽이란 가죽의 겉면을 피할하고 남은 아래쪽 가죽을 뜻합니다. 여기서는 스플릿 가죽을 여러 겹 겹쳐서 두께가 있는 옆판을 만들었습니다).

④ 잘라낸 옆판 가죽 한쪽 끝과 본체 모서리를 사포 등으로 깎는다.

　Check!　사포로 밀면 가죽에 보풀이 일어나고 맞붙일 때 공간을 메운다. 커터 등으로 잘라내면 커브에 본체가 딱 달라붙지 않아 틈이 생기기 쉽다.

⑤ 본체 입구(가운데가 오목하게 들어가는 부분) 양 끝에 끝을 깎지 않은 옆판 모서리를 맞춘 후, 단면을 잘 맞춰 붙인다.

⑥ 스플릿 옆판 모서리를 잘라낸 끝 부분에 본체를 접어 겹치고, 스플릿 옆판 반대쪽과 맞붙인다.

　Check!　스플릿 옆판 모서리 잘라낸 부분에도 접착제를 붙인다.

⑦ 맞붙인 곳을 롤러로 압착한다.

⑧ 본체 측면, 스플릿 옆판을 붙인 입구에서 30mm정도 위치에 표시한다.

　Check!　표시한 위치는 본체 반대쪽 입구가 되고, 이 표시 앞에 붙인 스플릿 옆판의 중심이 시접되는 점이 된다. 스플릿 옆판 두께가 변하면, 이 위치도 함께 수정해야 한다.

⑨ 표시한 위치에 스플릿 옆판의 잘라내지 않은 끝을 겹치고, 단면을 딱 맞춰 붙인다.

⑩ 스플릿 옆판의 모서리를 깎아낸 끝 부분에 본체를 꺾어 붙이고, 본체 반대쪽 입구 여유분을 잘라낸다.

⑪ 스플릿 옆판 반대쪽을 붙인다.

⑫ 본체 안쪽 입구, 스플릿 옆판보다 한 땀 밖을 기준점으로 잡고 바깥쪽으로 스플릿 옆판 1~2장을 관통할 정도로 바느질 구멍을 뚫는다.

⑬ 입구의 스플릿 옆판 가장자리, 본체 가죽 1장 부분에 원형 송곳으로 구멍을 뚫는다.

⑭ 본체를 뒤집어서 ⑬에서 뚫은 구멍을 기점으로 해서 바닥을 향해 ⑫와 동일한 위치에 구멍을 뚫는다.

⑮ 본체 가죽 1장을 접은 부분에 각 입구를 연결하는 바느질 구멍을 뚫는다.

　Check!　이 부분은 장식 바느질이므로 취향에 따라 생략해도 된다.

⑯ 입구는 보강을 하기 위해 실을 두 번 돌려 겹쳐 꿰맨다.

　Check!　실의 시작과 끝은 자국이 표시 나지 않도록 바닥, 안쪽에서 하면 좋다.

완성!

조립 Assembly

Point 1
스플릿 옆판 잘라내기

본체 측면 옆판이 되는 가죽은, 3장의 가죽을 겹쳐 동일한 폭으로 잘라내서 제작합니다.

60mm 사각형 가죽을 3장 준비하고, 이것을 겹쳐 붙이면 스플릿 옆판이 된다. 단면을 다듬으면 좋으니 되도록 베지터블 가죽을 준비한다.

01 은면이 달린 가죽을 쓰는 경우는 모든 은면을 거칠게 깎고, 접착제로 붙여서 롤러로 압착한다.

02 접착제로 붙인 스플릿 옆판 가죽을 8mm 정도 폭으로 잘라낸다.

Point 2
스플릿 옆판 붙이기

길게 잘라낸 스플릿 옆판은, 한쪽 끝, 접는 부분 모서리를 가볍게 깎아서 입구쪽을 요철을 만든 쪽 본체 끝에 맞춰 붙입니다.

01 스플릿 옆판 한쪽 끝, 붙인 면(층이 생기지 않은 면) 모서리를, 400방 사포로 가볍게 문지른다

02 본체 입구 중앙을 요철 쪽 양 끝에, 스플릿 옆판의 모서리를 깎아내지 않은 끝과 겹치고, 단면을 맞춰 붙인다. 옆판 반대쪽, 모서리를 깎아낸 쪽과 반대쪽 접착면에 접착제를 바른다

03 본체의 접는 부분을, 옆판 모서리를 깎아낸 끝과 밀착해서 꺾어 붙이고, 반대쪽의 접착면도 단면이 일치하도록 확인하며 맞붙인다

Point 3

반대쪽을 붙이고 바느질하기

본체와 옆판 반대쪽을 이어 붙이고 바느질구멍을 뚫습니다.

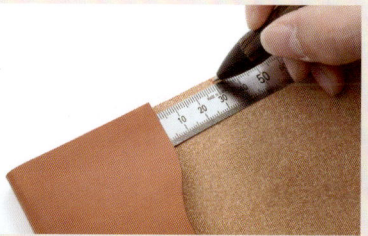

01 본체 옆쪽, 옆판을 붙인 입구부터 30mm 정도 위치에 표시를 한다

02 표시에 옆판의 모서리를 깎지 않은 쪽을 맞춰서 붙인다. 꺾는 부분은 본체를 꺾어 붙이고 입구쪽 여분을 잘라낸다

03 꺾은 부분을 포함해서 반대쪽을 붙인다

04 안쪽의 입구 끝에서 한 땀 떨어져서 안쪽을 향해 바느질 구멍을 뚫는다(관통하지 않는다). 입구 끝은 원형 송곳으로 구멍을 뚫는다(사진 가운데). 입구 끝에 뚫은 구멍을 시작점으로 해서 바깥쪽에도 목타로 구멍을 뚫는다. 목타를 칠 때는 수직으로 뚫도록 주의를 기울인다. 가죽이 두꺼워서 구멍이 비스듬히 뚫릴 수도 있기 때문이다

Advice

바느질 포인트

옆판을 바느질할 때 안쪽과 바깥쪽에서 뚫은 구멍이 관통하지 않은 경우는 마름 송곳으로 뚫어가면서 바느질합니다. 바늘이 잘 안 빠져나올 경우 클램프 등을 사용합니다..

Advice

스플릿 옆판 응용법

앞서 소개한 접는 옆판 카드지갑에서 구조를 조금 바꾸어서 접는 옆판과 스플릿 옆판을 조합하면 아래 사진과 같은 카드지갑을 만들 수 있습니다.

Side gusset pen case
넓은 옆판 필통

본체 좌우에 별도의 옆판을 단 스타일.
스탠다드하고 만들기 쉽습니다.
기능성도 좋기 때문에
언제나 실패 없는 아이템입니다.
지퍼 마감이 포인트이므로
처음 만드는 분들은 순서를 정확히 지키며 작업합시다.

양 사이드의 옆판이 독립된 파트로, 본판과 바닥은 한
장의 가죽으로 만드는 것이 넓은 옆판의 특징

패턴 Pattern

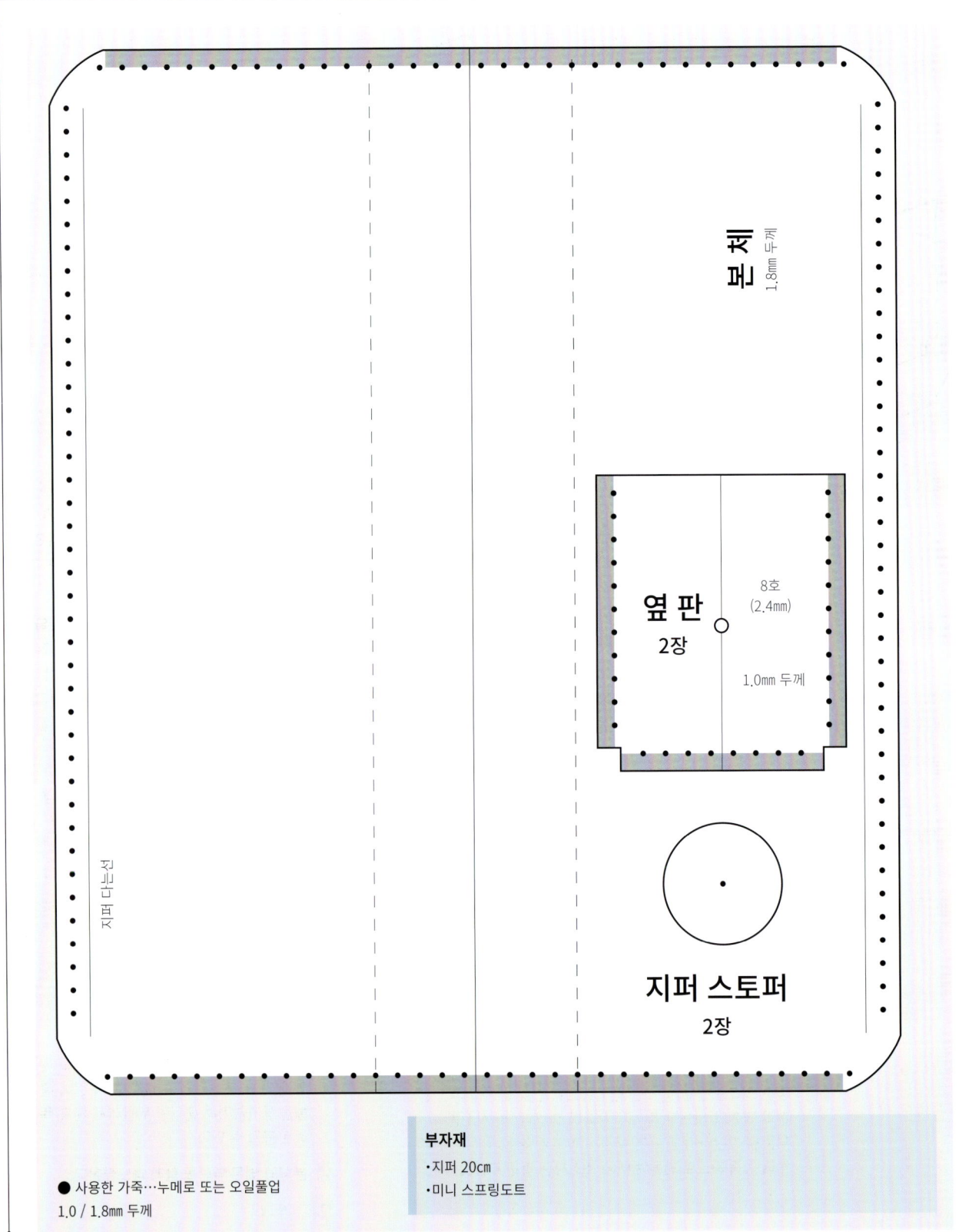

조 립 Assembly

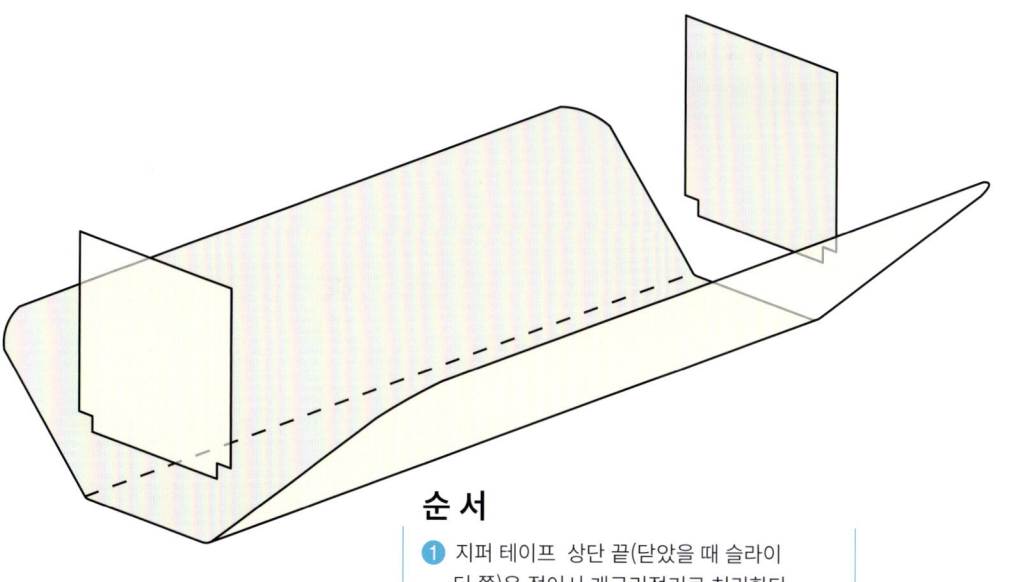

순서

① 지퍼 테이프 상단 끝(닫았을 때 슬라이더 쪽)은 접어서 개구리접기로 처리한다 (p.45 '지퍼 처리' 참고).

② 하단 끝에는 지퍼 스토퍼를 달고, 단추 몸통을 달아 둔다 (Point 1 '지퍼 스토퍼 달기' 참고).

Check! 지퍼 스토퍼는 커터 등으로 자르는 것 보다는 70호(21mm) 원형 펀치를 쓰는 것이 좋다.

③ 2장 있는 넓은 옆판 쪽만 스프링도트 머리를 단다. 위치는 패턴을 참조한다.

④ 본체 네 테두리에 넓은 옆판·지퍼를 달기 위해 바느질 구멍을 뚫는다. 넓은 옆판의 3개 테두리에 본체를 달기 위해 바느질 구멍을 뚫는다.

Check! 이 책의 패턴에는 4mm 폭의 목타 간격에 맞춰 위치를 기재했다. 4mm 폭 외의 목타를 사용한 경우는 시작점이 되는 접는 위치와 구멍의 위치를 맞추고 조절해가며 구멍을 뚫는다.

⑤ 본체 바닥면에 지퍼 다는선을 찍는다.

⑥ 지퍼 양 사이드(테이프 단)에 2mm 폭의 양면 테이프를 붙이고, 본체의 붙이는 선에 맞춰 붙인다. 이 때, 지퍼 위쪽 끝 단과 본체 바느질 선 단을 맞춘다.

Check! '지퍼 스토퍼'를 바느질한 아래쪽은 본체에서 길게 늘어뜨린다.

⑦ 본체와 지퍼 양 사이드를 바느질한다.

⑧ 본체와 넓은 옆판의 붙이는 위치를 맞춰 붙인다.

Check! 미리 뚫어놓은 구멍 위치를 맞춰 붙인다. 양 파츠의 대칭되는 구멍에 바늘을 통과해가며 붙이면 뒤틀리지 않고 똑바로 붙일 수 있다.

⑨ 본체와 넓은 옆판을 함께 바느질한다.

완성!

Advice

넓은 옆판 필통은 지퍼 스토퍼(뒤쪽)을 처리할 때 요령이 필요합니다. 입구를 크게 만들기 위해 본체 외부까지 지퍼가 빠져나옵니다. 그래서 끝단에는 동그랗게 자른 지퍼 스토퍼를 달고, 스프링도트로 옆판에 고정해서 덜렁거리지 않게 막아줍니다. 이 방법은 가방 등 다른 아이템에서도 쓰이기 때문에 익혀두면 편리합니다.
옆판 형태는 둥글게, 또는 삼각형으로 변형해도 됩니다. 본판과 옆판의 바느질 길이가 같아야 합니다. 두께나 붙이는 부분을 계산하지 않으면 밸런스 잡기가 어렵기 때문에 자투리 가죽 등으로 만들며 미세 조정하는 것을 추천합니다.

조립 Assembly

Point 1
지퍼 스토퍼 달기

지퍼 아래쪽 끝을 접은 후 붙이고, 가죽을 바느질해서 합칩니다. 바느질 땀을 깔끔하게 마감해주세요.

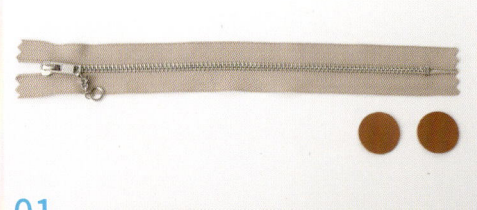

01

지퍼는 20cm로 준비. 둥근 가죽은 70호(21mm) 원형 펀치를 사용하면 간단하게 뚫을 수 있다

02

지퍼 스토퍼의 바닥면에 양면 테이프를 가볍게 붙이고, 2장을 겹쳐 붙인다

03

한쪽 면에 디바이더 끝을 대고 3mm 폭으로 바느질선을 긋는다. 2날 목타를 사용해 바느질 구멍을 뚫는다. 구멍이 균등한 폭으로 뚫리도록 구멍에 한쪽 날을 걸고 다음 구멍을 뚫으며 전진한다

04

중심에는 12호(3.6mm)원형 펀치로 단추 머리를 달 구멍을 뚫는다(※역자주 : 한국에서는 미니 단추를 구하기 힘드므로 일반 단추를 쓸 때는 4.5mm 펀치로 구멍을 뚫습니다).

05

지퍼 테이프는 금속장식보다 바깥쪽 범위(안쪽면)에 접착제를 바르고, 안쪽의 볼록한 면에 맞출 수 있도록 접어서 붙인다

06

양 사이드를 접어서 왼쪽 사진처럼 이빨에 맞춰 붙인다. 그리고 가죽 지퍼 스토퍼를 살짝 벌린 후 금속 스토퍼에 맞춰 붙인다

07

지퍼 테이프를 바느질하고 둥근 구멍에 단추를 달면 완료

Side gusset pen case

Belt gusset pen case

옆판 일체형 필통

옆판을 하나로 만들어
개성적이고 유니크한 필통
동그란 형태가 특징적이고
인스티치로 마감했기 때문에
고급감도 느껴집니다.
입체적인 조립이 포인트.

본체에서 입구를 감싸듯이 바꾼 구조. 수납이 많이 되는 디자인이어서 기능성도 좋다

패턴 Pattern

● 사용한 가죽…누메로 또는 오일풀업
1.0 / 1.8mm 두께

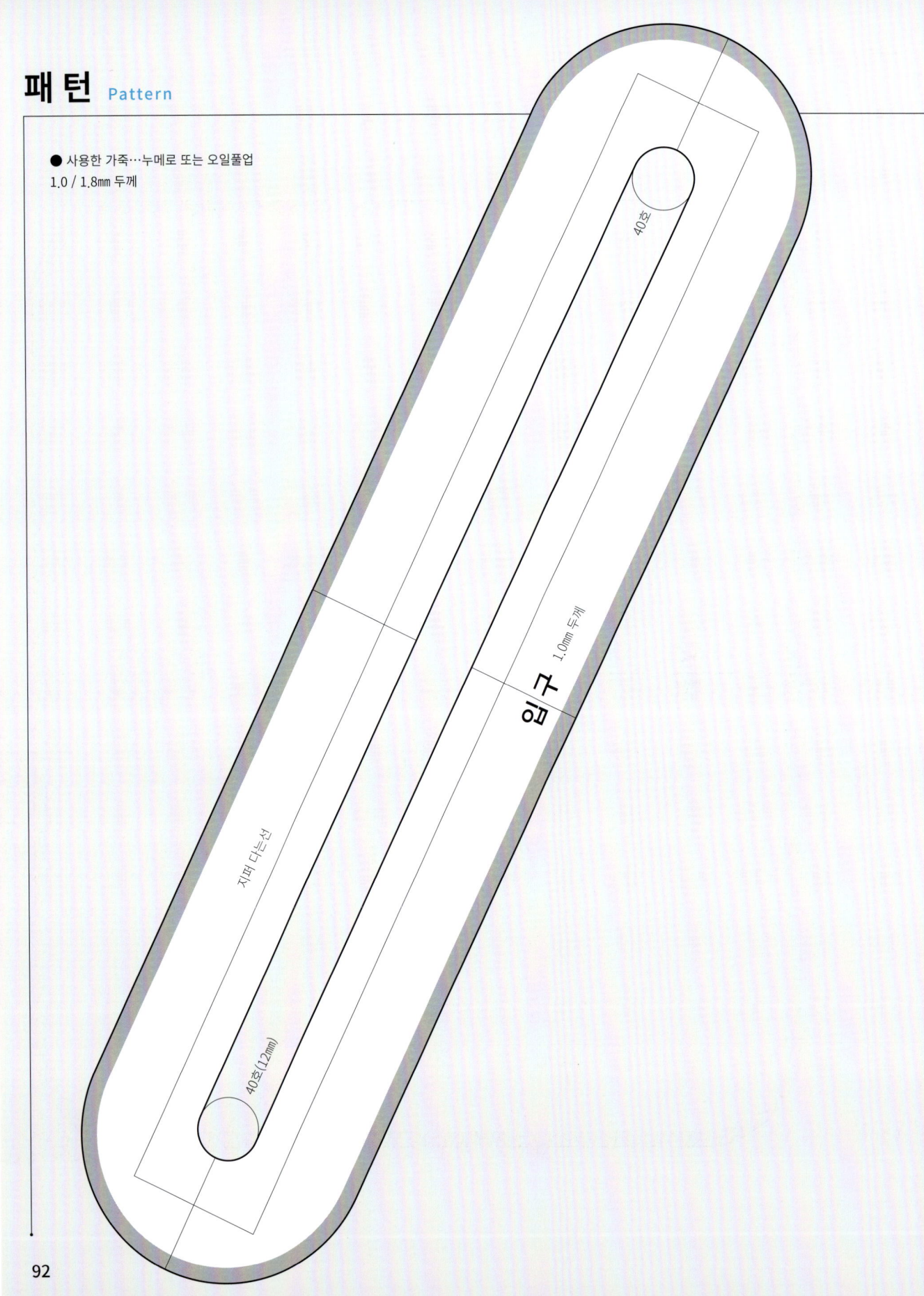

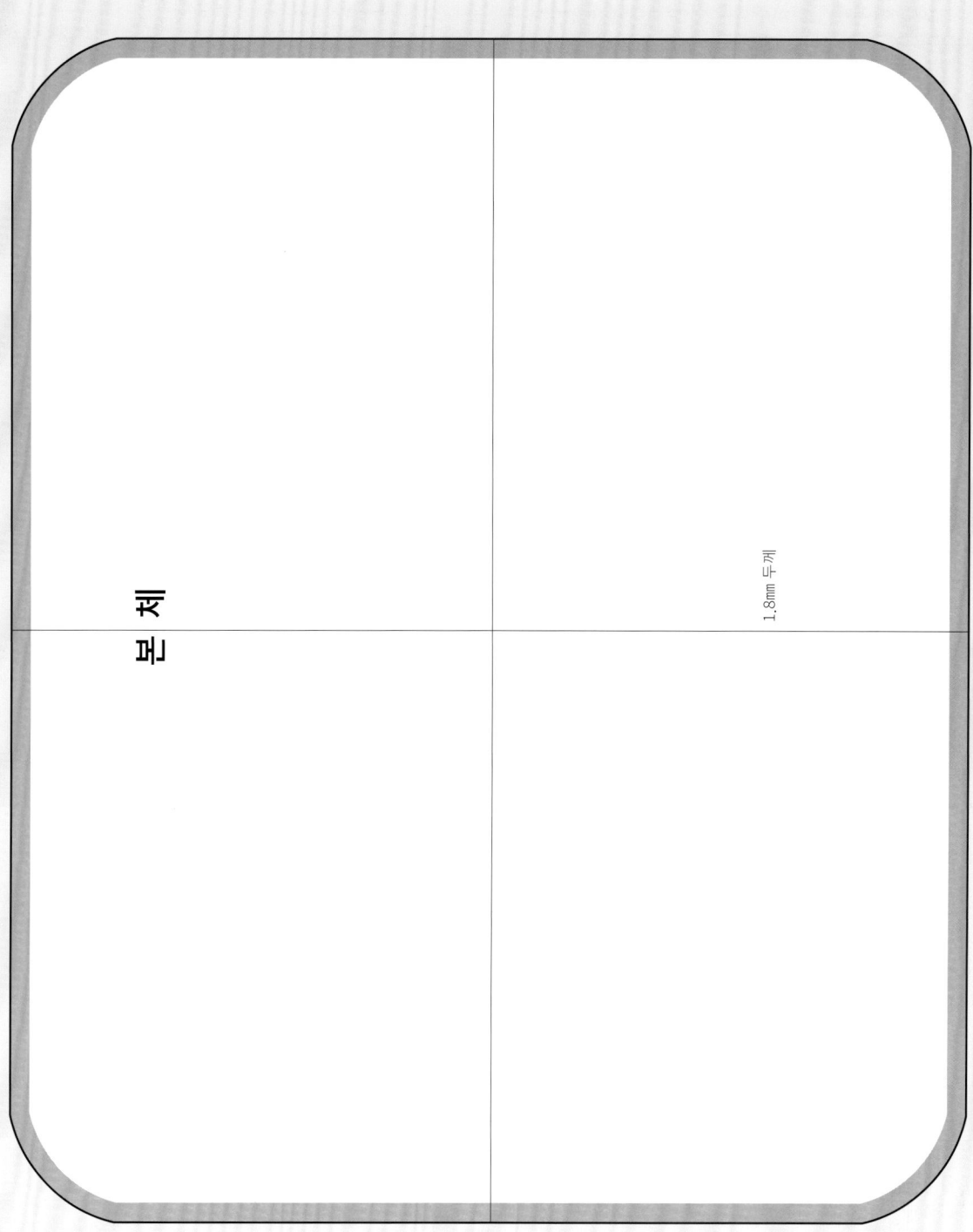

패턴 Pattern

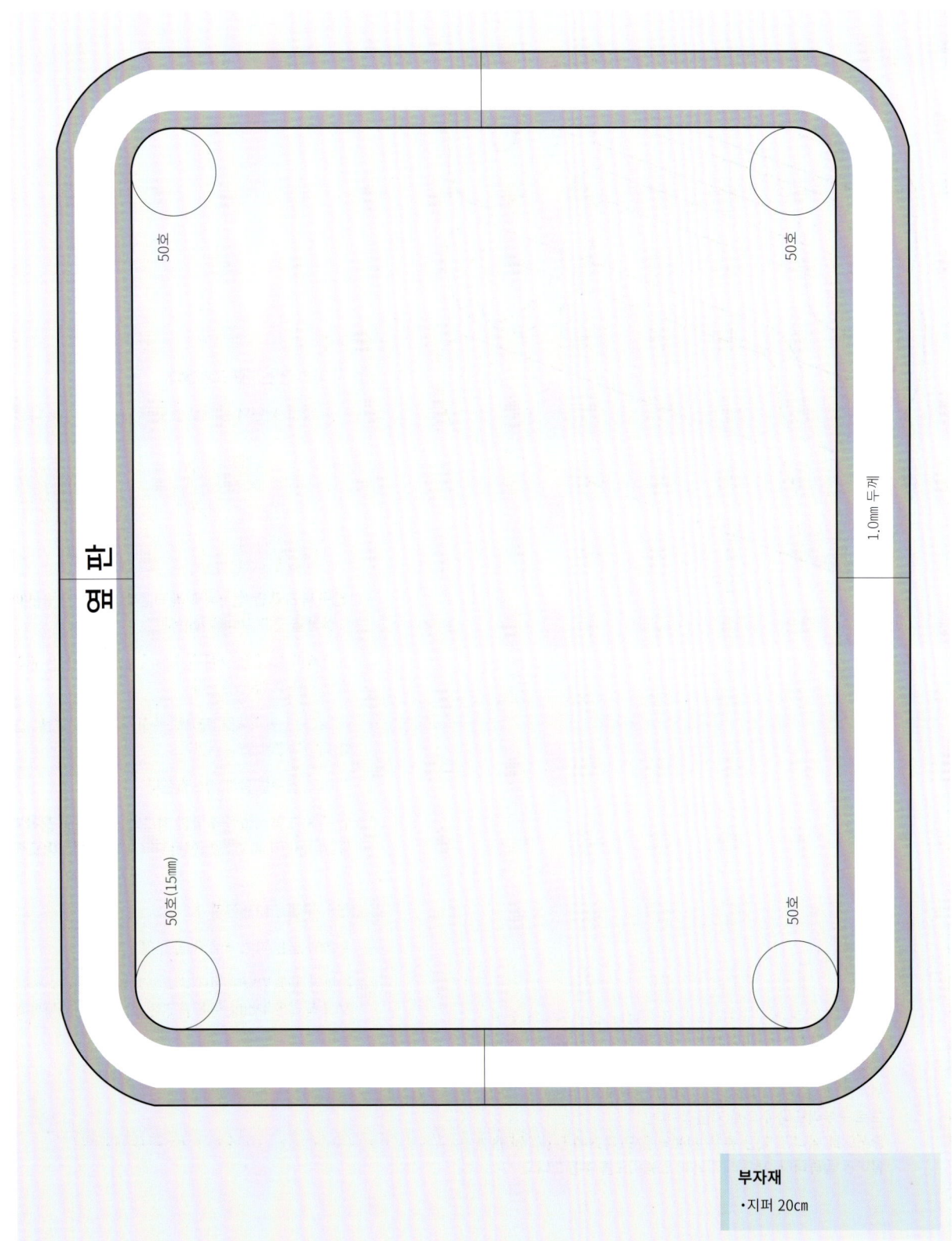

부자재
• 지퍼 20cm

조 립 Assembly

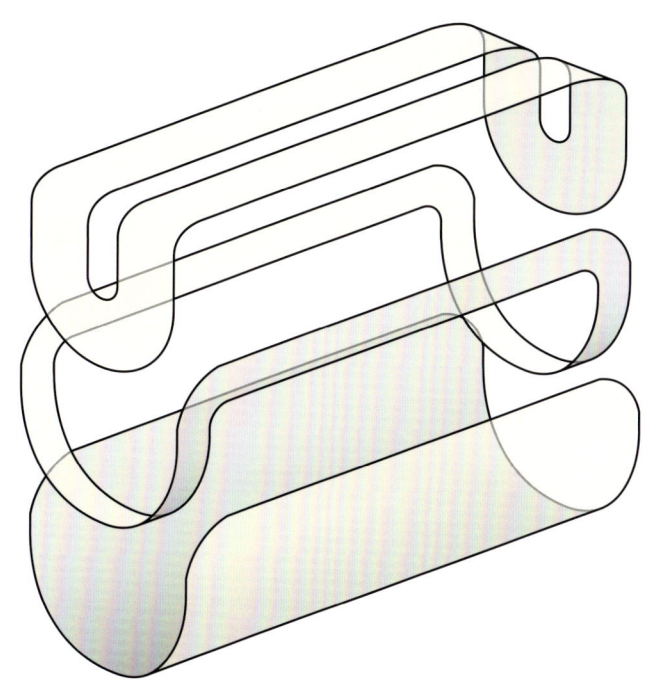

순 서

① 각 파츠 끝 센터를 표시한다.

Check! 패턴의 센터를 송곳 등으로 찍어놓는다.

② 입구 파츠의 안쪽(지퍼와 바느질해서 합치는 부분)에 바느질선을 긋고 구멍을 뚫는다.

③ 지퍼 테이프의 양 끝에 폭 2㎜의 양면 테이프를 붙이고, 입구 파츠와 함께 붙인다.

Check! 지퍼쪽을 아래로 두고, 입구 슬릿에서 밸런스를 확인하면서 붙여나간다.

④ 지퍼와 입구를 함께 바느질한다.

⑤ 입구 파츠의 바깥쪽과 옆판 파츠의 안쪽 끝을 접착제로 붙인다. 이때 네 변 센터에서부터 맞춰가며 붙이도록 한다.

⑥ 붙인 부분을 바느질한다.

⑦ 본체와 옆판 파츠 바깥쪽 끝을 붙인다.

⑧ 본체의 끝을 한바퀴 돌리며 바느질해서 완성(②~⑦까지의 작업은 'Point 일체형 옆판 조립'에서 자세히 해설).

완 성 !

Advice

파츠를 구부려가며 입체적으로 조립하는 옆판 일체형 필통은, 좌우대칭으로 붙여야만 전체 형태가 비뚤어지지 않습니다. 패턴의 센터 라인을 송곳 등으로 작게 찍어서 표시하고 위치를 맞춰가며 작업하세요. 특히 커브 부분은 동일한 모양으로 구부리도록 주의를 기울입시다.
완성도를 올리고 싶은 분은 본체와 입구 파츠에 안감 가죽을 붙이면 좋습니다. 부드러운 돈피 스웨이드를 추천합니다.

조립 Assembly

일체형 옆판 조립 순서

옆판 일체형 필통을 조립하는 순서는 조금 복잡하므로 사진으로 상세하게 설명합니다. 센터를 맞춰가면서 붙이는 것이 요령입니다.

01 입구 안쪽과 바깥쪽에 바느질선을 긋고 안쪽만 한 바퀴 둘러 바느질 구멍을 뚫는다

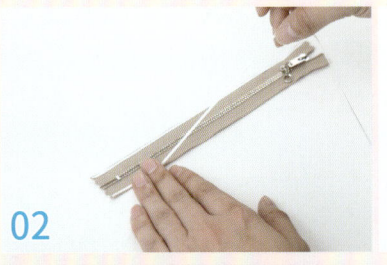
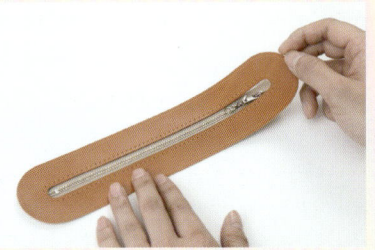

02 지퍼의 양 사이드, 제일 바깥쪽에 폭 2mm의 양면 테이프를 붙인다. 지퍼를 바닥에 내려놓고 그 위에 입구를 얹으면서 붙인다. 지퍼 좌우가 잘 맞도록 체크하면서 작업한다

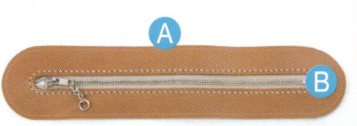

03 미리 뚫어놓은 바느질 구멍 바느질해서 지퍼를 단다. 바느질 시작 위치를 중앙 Ⓐ로 두면 내구성이 좋지만 땀이 눈에 띄는 것을 원치 않는다면 끝쪽 Ⓑ에서 시작한다

04 옆판 파츠의 안쪽과 바깥쪽 두 쪽 다 본체 파츠의 바깥쪽에 바느질 선을 긋는다(일부 선은 접착범위를 표시하는 선으로도 사용할 수 있다)

05 입구 바깥쪽, 옆판 파츠의 바깥쪽은 은면끼리 붙이기 때문에 접착제가 잘 붙도록 표면을 긁어서 거칠게 해놓는다(바느질선 바깥 범위)

Belt gusset pen case

06 거칠게 긁은 부분에 접착제를 바른다

07 양 사이드의 센터 표시 주변부터 위치를 잘 맞춰 붙인다

08 양 끝과 센터를 맞춰 붙인다. 남은 부분도 자연스러운 커브를 만들면서 붙여나간다

09 옆판 파츠쪽에서 한바퀴 둘러 바느질선을 긋고, 그 위로 바느질 구멍을 뚫는다

조립 Assembly

Point 일체형 옆판 조립 순서

10 입구와 옆판 파츠를 바느질한다

11 바느질한 상태

12 본체 바닥면 바깥쪽, 옆판 파츠 바닥의 바깥쪽에 접착제를 바른다

13 앞과 동일하게, 센터 표시부터 맞춰서 붙이며, 남은 부분을 자연스럽게 커브를 만들어 붙인다

14 그 다음 바깥쪽 테두리에 바느질 구멍을 뚫고, 바느질하면서 조립해서 완성. 단면이 두드러지기 때문에 연마해서 마감하면 깔끔해보인다

Belt gusset pen case

One-piece gusset pouch
통 옆판 클러치

둥그렇게 잡힌 형태가 여성적인 디자인. 뚜껑은 안쪽에서 단 자석단추로 고정하는 타입. 자석 단추 발을 감추기 위해 가죽을 덮어서 자석단추 발을 감춘다.

본체 끝에서 반대쪽 끝까지
한 개의 통옆판으로 이어주는 디자인.
작은 물건을 넣는 파우치로도 쓸 수 있어
쓰임새가 많은 클러치입니다.
뚜껑과 본판을 다른 색으로 구성해서
인상적인 투 톤으로 마감했습니다.

패 턴 Pattern

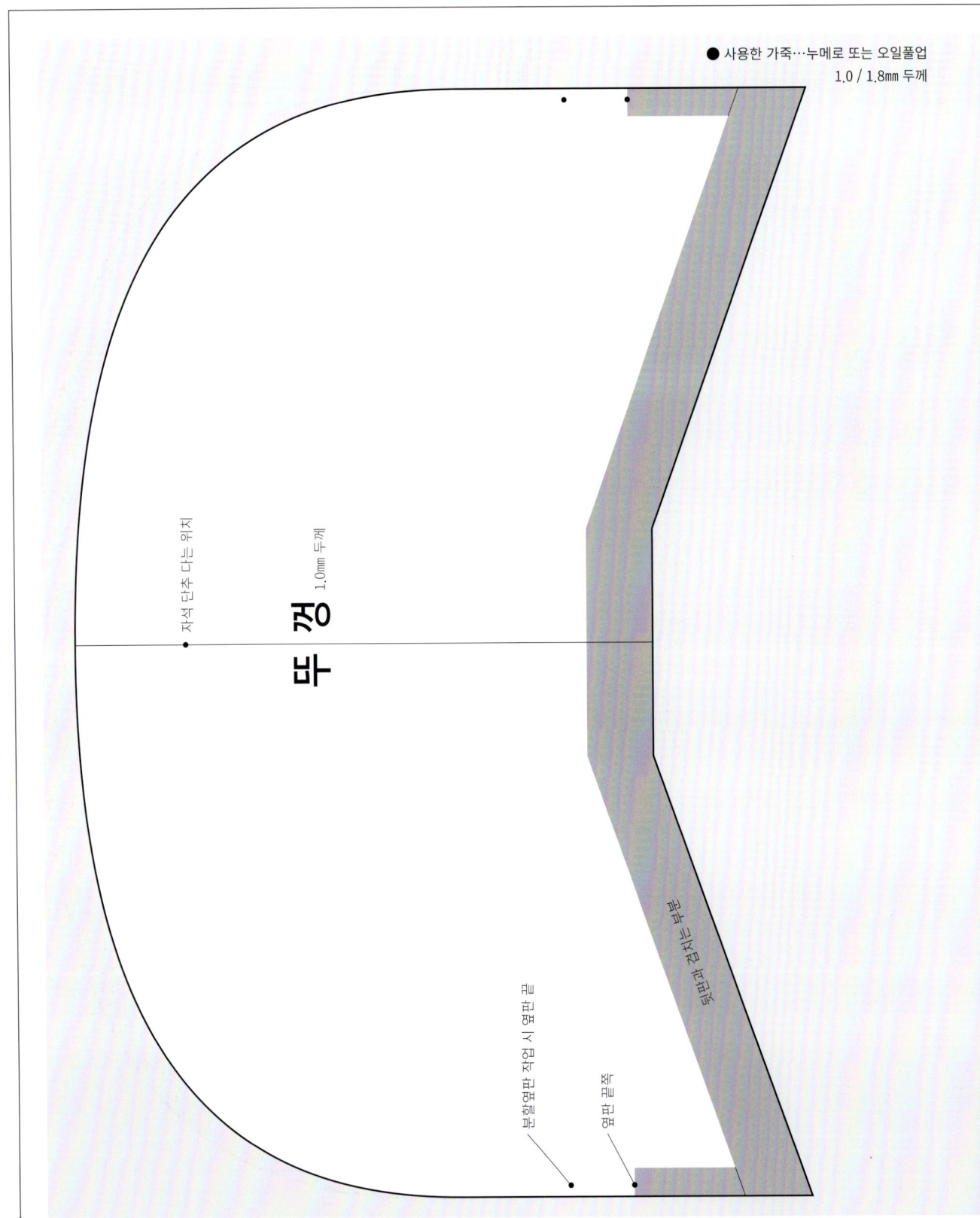

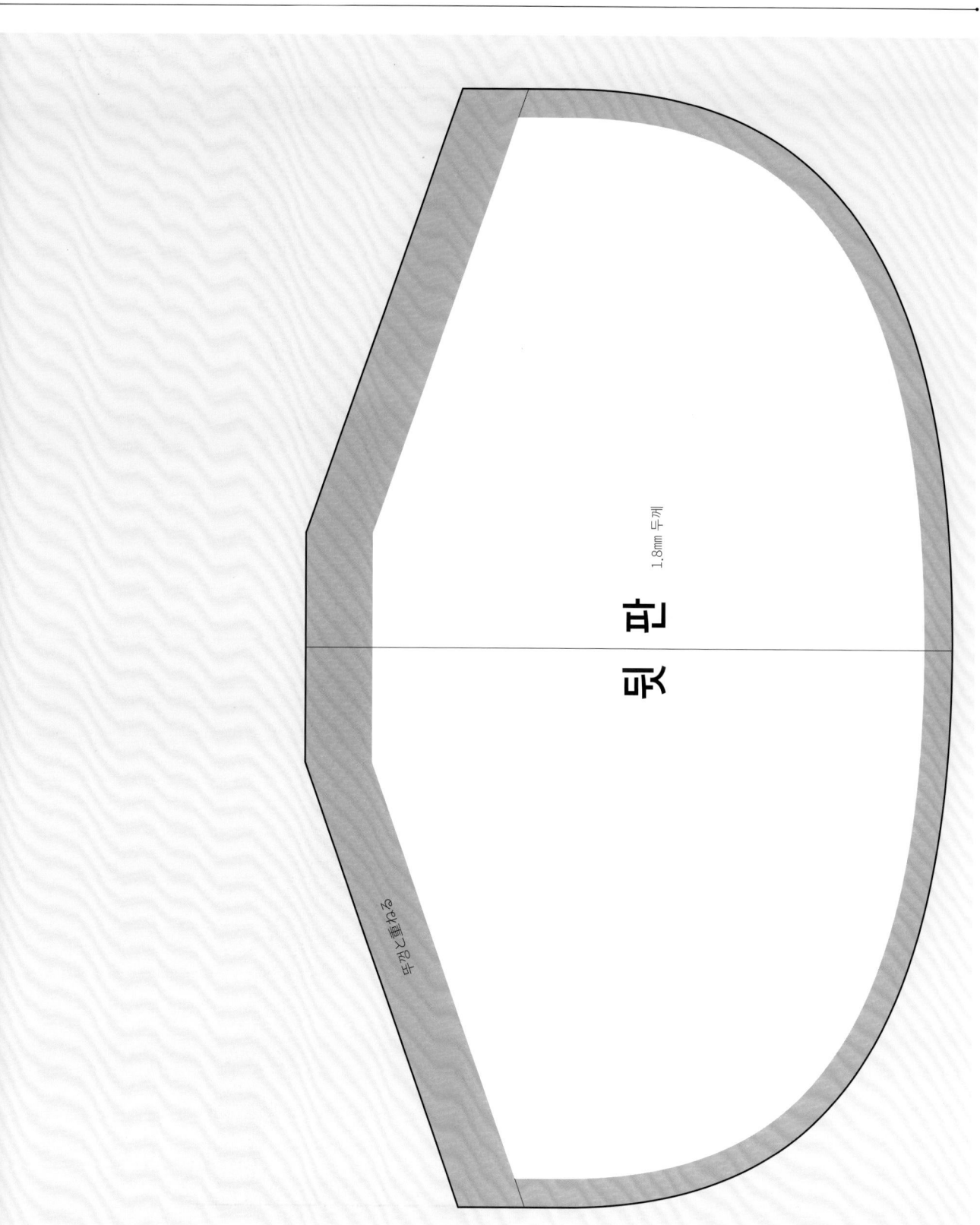

패 턴 Pattern

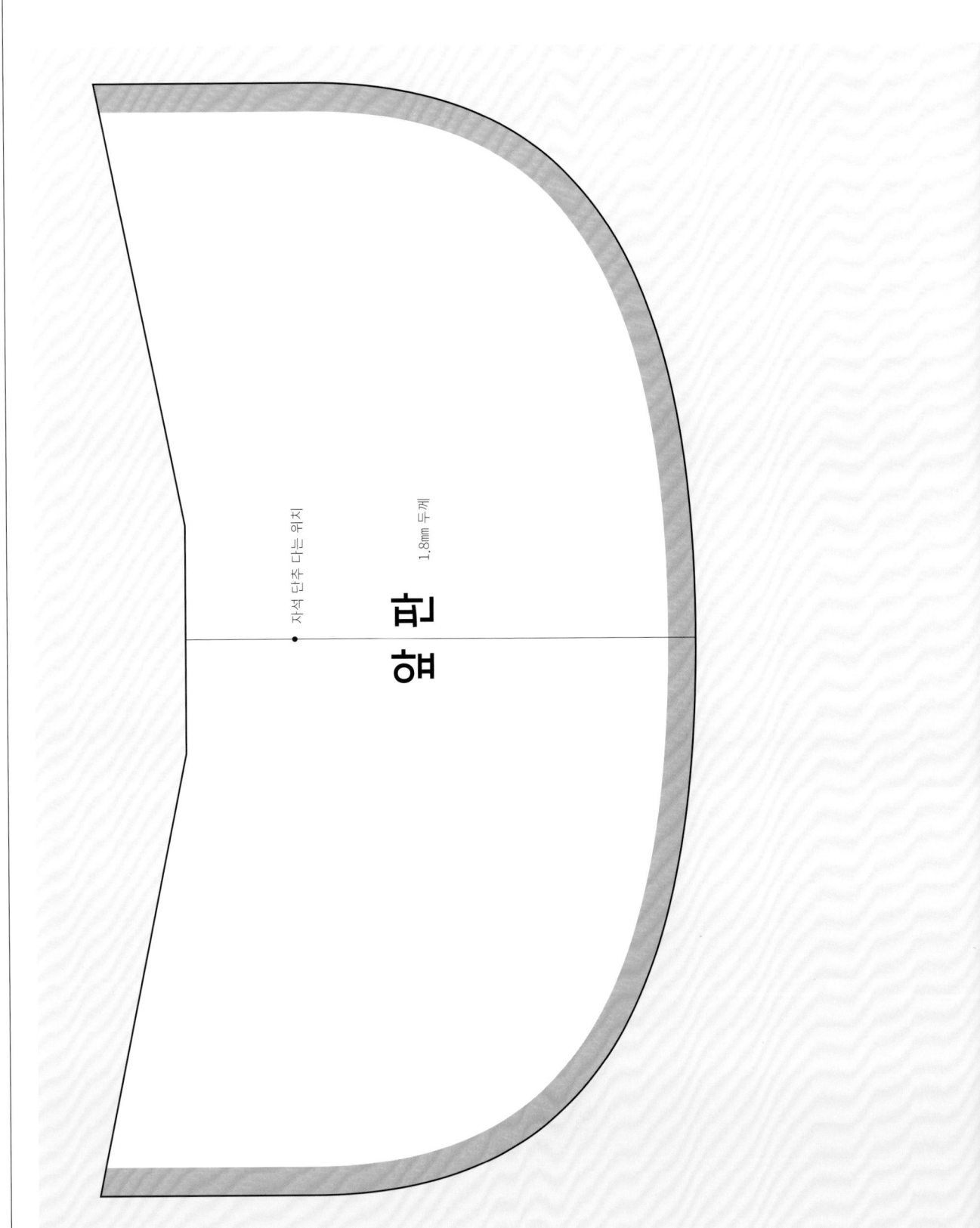

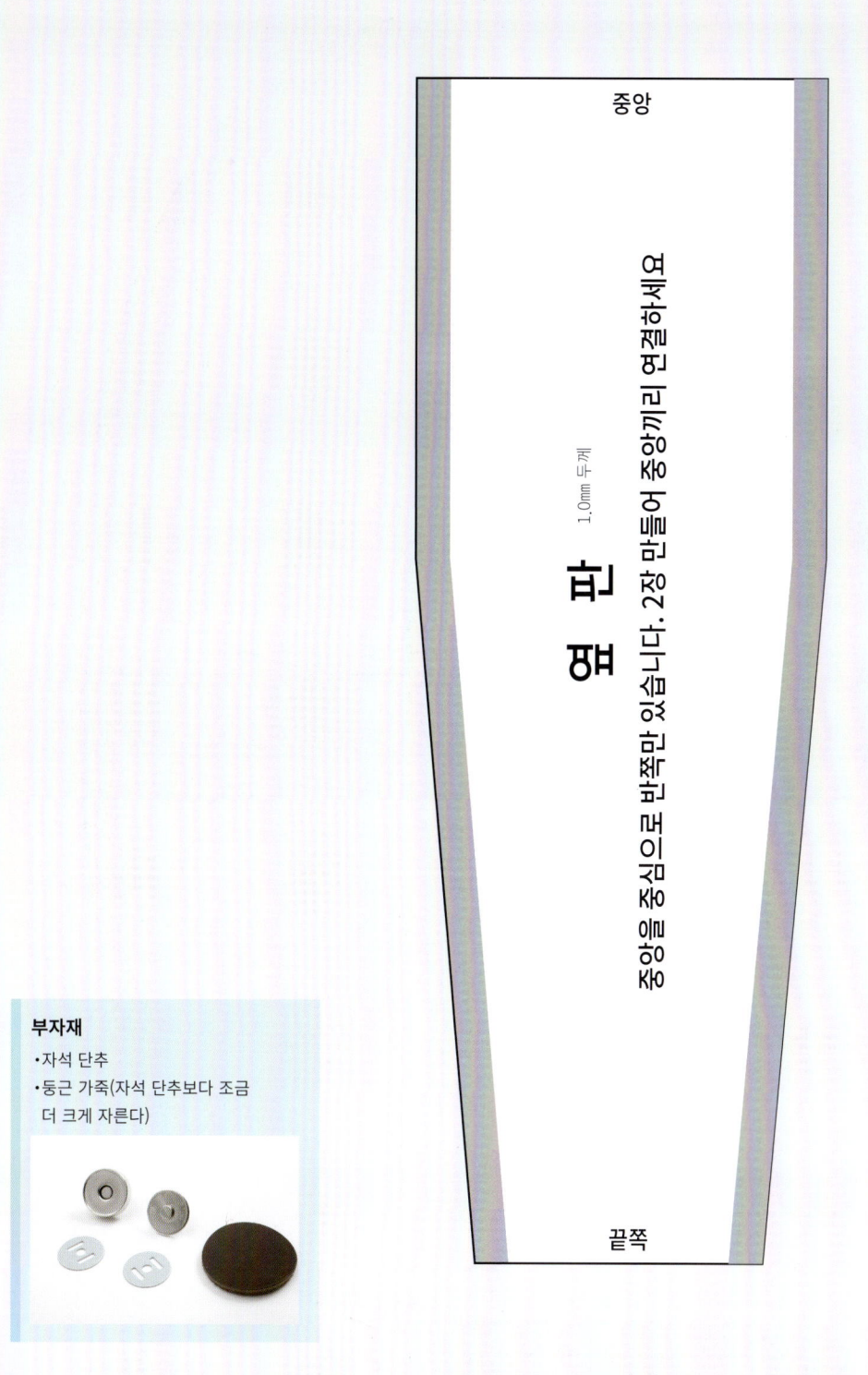

One-piece gusset pouch

조 립 Assembly

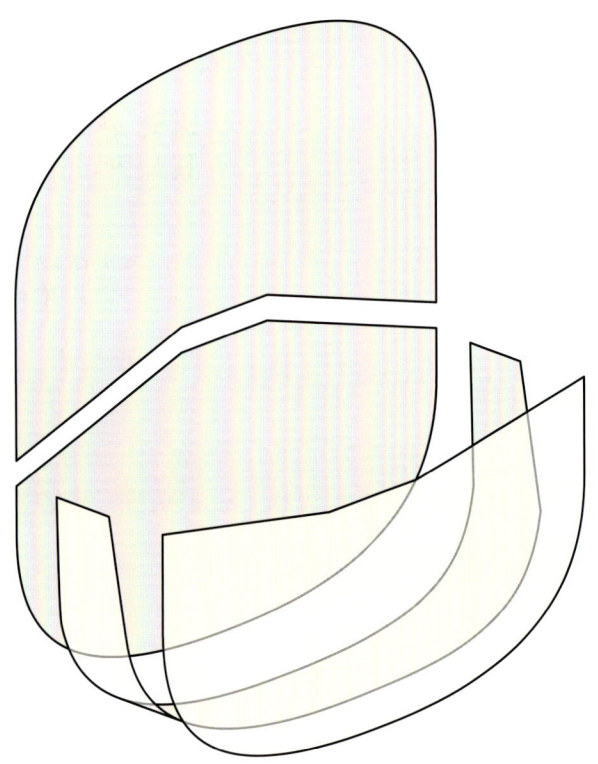

순 서

① 뚜껑에 뒷판을 겹쳐서 붙이고, 뒷판의 단면에서 4mm 정도 위치를 함께 바느질한다.

Check! 바느질 시작과 끝은 옆판 끝보다 4mm 정도 남기고 바느질 한다.

② 앞판과 뒷판 모두 옆판 바닥 센터에 붙이는 위치를 확인해서 표시를 한다.

③ 뚜껑의 바닥면에 패턴을 맞추고, 옆판 입구 부분쪽 붙이는 위치에 표시를 한다.

Check! 이 표시가 바느질 시작과 끝점이 된다.

④ 옆판 양쪽 긴 변에 끝에서 5mm 정도 위치에 바느질선을 긋는다.

⑤ 옆판 은면에 가볍게 물을 바르고 ④에서 그어놓은 바느질선 위에 맞춰 구부리고 붙이는 부분과 맞댄다. (※역자주: 물을 바르면 부드러워지는 베지터블 가죽을 쓸 때만 물을 바릅니다. 크롬 가죽은 베지터블 가죽보다 부드럽기 때문에 물을 바를 필요가 없습니다)

Check! 동시에 옆판 전체를 구부리면서 본과 같이 커브를 만들어 형태를 만들어놓는다.

⑥ 옆판과 뒷판을 맞붙인다. 이 때는 각 파츠 센터를 먼저 붙인 후, ③에서 표시한 표시점과 옆판 끝을 맞붙인다. 마지막으로 바느질 부분을 붙인다.

⑦ 옆판쪽에서 ④에서 그어놓은 바느질선을 따라 바느질 구멍을 뚫고, 입구 끝에서 끝까지 바느질 한다.

⑧ 뚜껑과 앞판에 자석 단추를 단다.

Check! 자석 단추 대신 '솔트리지'나 '자물쇠' 등을 써서 뚜껑의 고리를 변형해도 좋다.

⑨ 뒷판과 함께 옆판과 앞판을 접착제로 붙여 조립하고, 입구 끝에서 끝까지를 바느질한다.

완 성 !

One-piece gusset pouch

 oint 1

뚜껑과 뒷판을 바느질한다

뚜껑과 뒷판을 먼저 바느질해서 일체로 만듭니다.

뚜껑과 뒷판을 바느질해서 합친 파츠를 만들고, 본체를 구성하는 3종류의 파츠를 늘어놓는다

Point 2

바닥 센터에 표시한다

본체와 옆판을 합칠 때 기준이 되는 합체 표시를 합니다. 뒷판과 앞판의 센터에 표시합니다.

패턴을 참고해서 뒷판과 앞판의 각 바닥 센터, 옆판 양 끝 센터에 표시한다

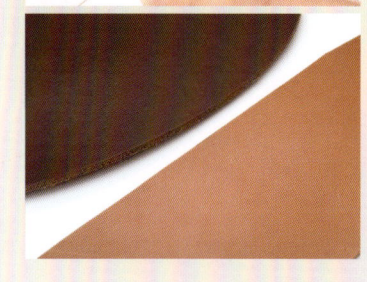

Point 3

뚜껑 양 사이드에 합체 표시를 한다

옆판 테두리를 붙이는 위치를 뚜껑 양 사이드에 표시합니다.

뚜껑에 패턴을 대고, 옆판 끝을 맞춰 표시한다

107

조 립 Assembly

Point 4 옆판의 붙이는 위치를 접는다

각 본체에 옆판을 접어서 붙이기 위해 옆판 양 사이드의 붙이는 위치를 접습니다. 물을 발라서 확실하게 형태를 만들어줍시다.

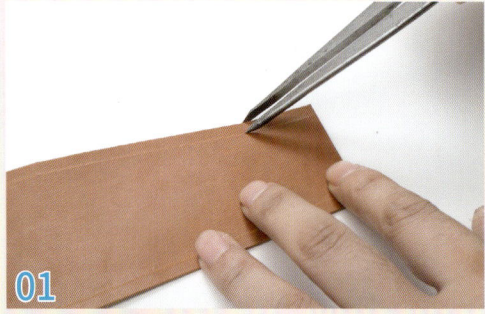

01

옆판 양쪽 긴 변, 끝에서 5mm 정도 위치에 바느질선을 긋는다

02

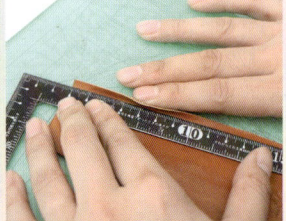

03

옆판 양 사이드가 사진처럼 접히면 된다

옆판 은면에 가볍게 물을 바르고, 바느질선을 표시한 양 사이드를 은면을 향해 구부린다. 자를 대고 구부리면 깔끔하게 접힌다

Point 5 옆판과 뒷판을 붙인다

옆판과 뒷판을 붙일 때는, 처음에 바닥쪽 센터를 합치고 다음에 양 끝을 맞춘 다음, 센터와 끝 사이의 곡선구간을 합치면 됩니다.

01

옆판과 뒷판 각 바닥 쪽 센터, 표시해놓은 위치에 정확하게 맞춰 맞붙인다

02

03

옆판과 뒷판을 맞춰 붙여 놓은 상태. 앞판을 맞붙일 때도 동일한 요령으로 작업한다

뚜껑 양 사이드의 각 표시된 위치에 옆판 끝을 대고 합체, 그 사이의 곡선구간을 붙인다

Ⓟoint 6 자석 단추 다는 방법

발 달린 자석 단추는 암수가 있습니다. 달 때는 암수 모두 칼로 가죽에 칼집을 내고 발을 통과시킨 후 발을 꺾습니다.

01

자석 단추 다는 위치 중심과 자석 단추 중심을 맞추고 자석 단추 발을 찍어 칼집을 넣을 위치를 표시한다

02

칼로 가죽에 칼집을 낸다

03

칼집에 자석 단추 발을 통과하고 뒤쪽에 금속판을 댄다

04

다리를 바깥쪽으로 구부리고 망치 등으로 두들겨서 납작하게 고정한다

05

자석 단추를 단 상태

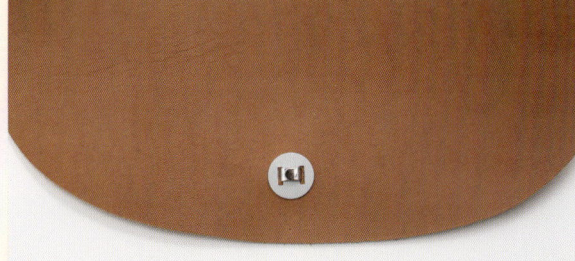

06

뚜껑에 자석 단추 수를 단 상태. 다리를 구부린 방향은 안팎 어디나 관계없다. 여기서는 바깥에 동그란 가죽을 대기 때문에 안쪽으로 꺾었다

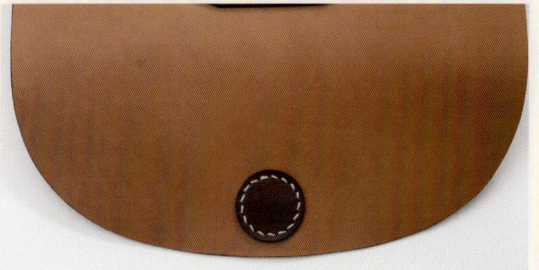

07

자석 단추의 금속판을 가리기 위해 금속판보다 큰 가죽을 동그랗게 잘라 바느질해서 붙였다. 동그란 가죽이 아니라 다른 방법으로 처리해도 관계없다

Divided one-piece gusset pouch
분할옆판 클러치

통옆판과 동일한 구조이지만
옆판과 바닥이 분할된 스타일
각이 살아 있는 디자인이라서
도회적인 느낌이 납니다.
가방으로도 쓸 수 있으므로
응용폭이 넓은 디자인입니다.

앞뒤의 본체와 뚜껑, 사이드와 바닥을 연결하는 옆판 4부위를 꿰매서 만든다. 고리는 자석 단추. 통옆판 클러치와 동일하게 구성하였지만 분위기는 다르다

패턴 Pattern

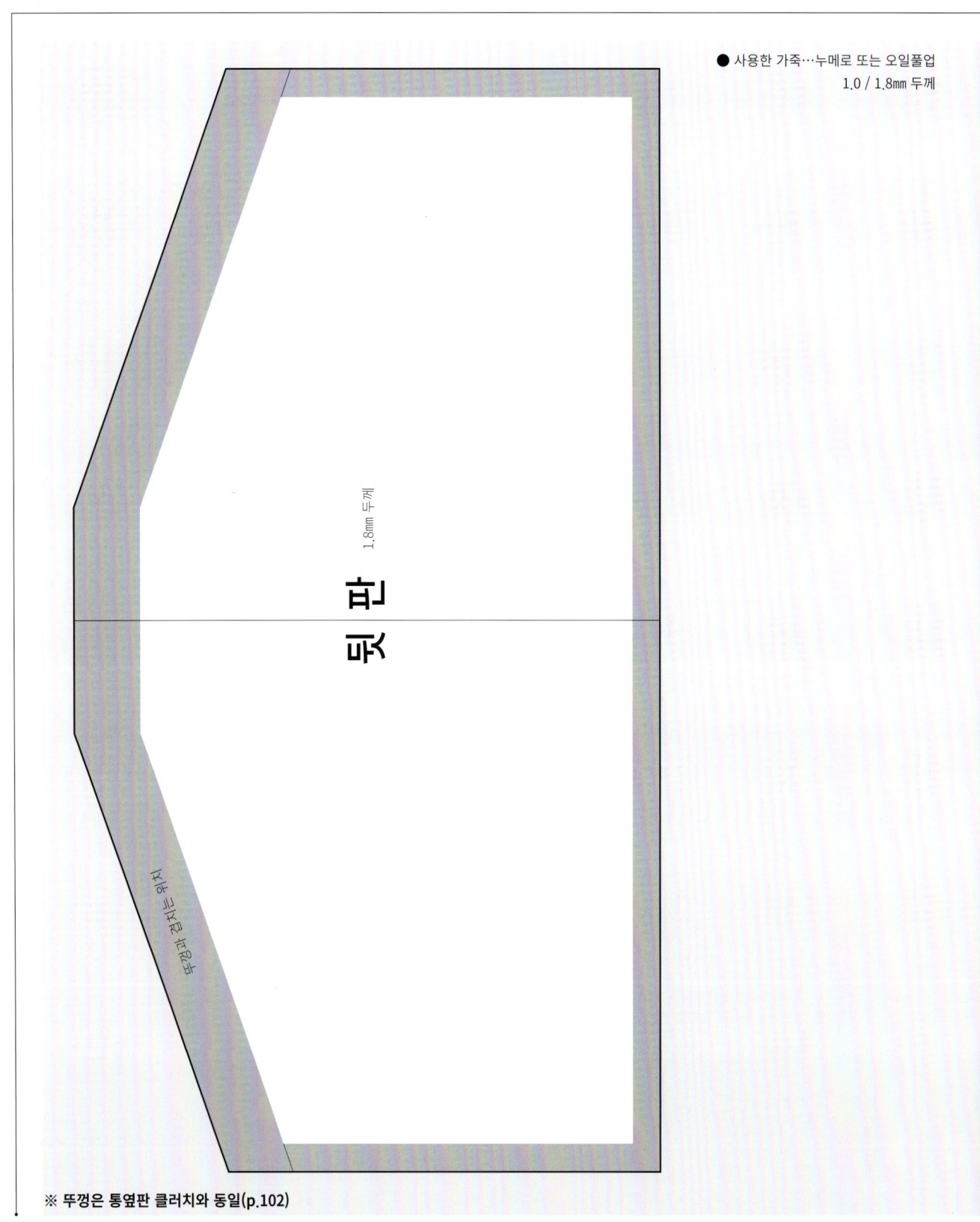

※ 뚜껑은 통옆판 클러치와 동일(p.102)

패턴 Pattern

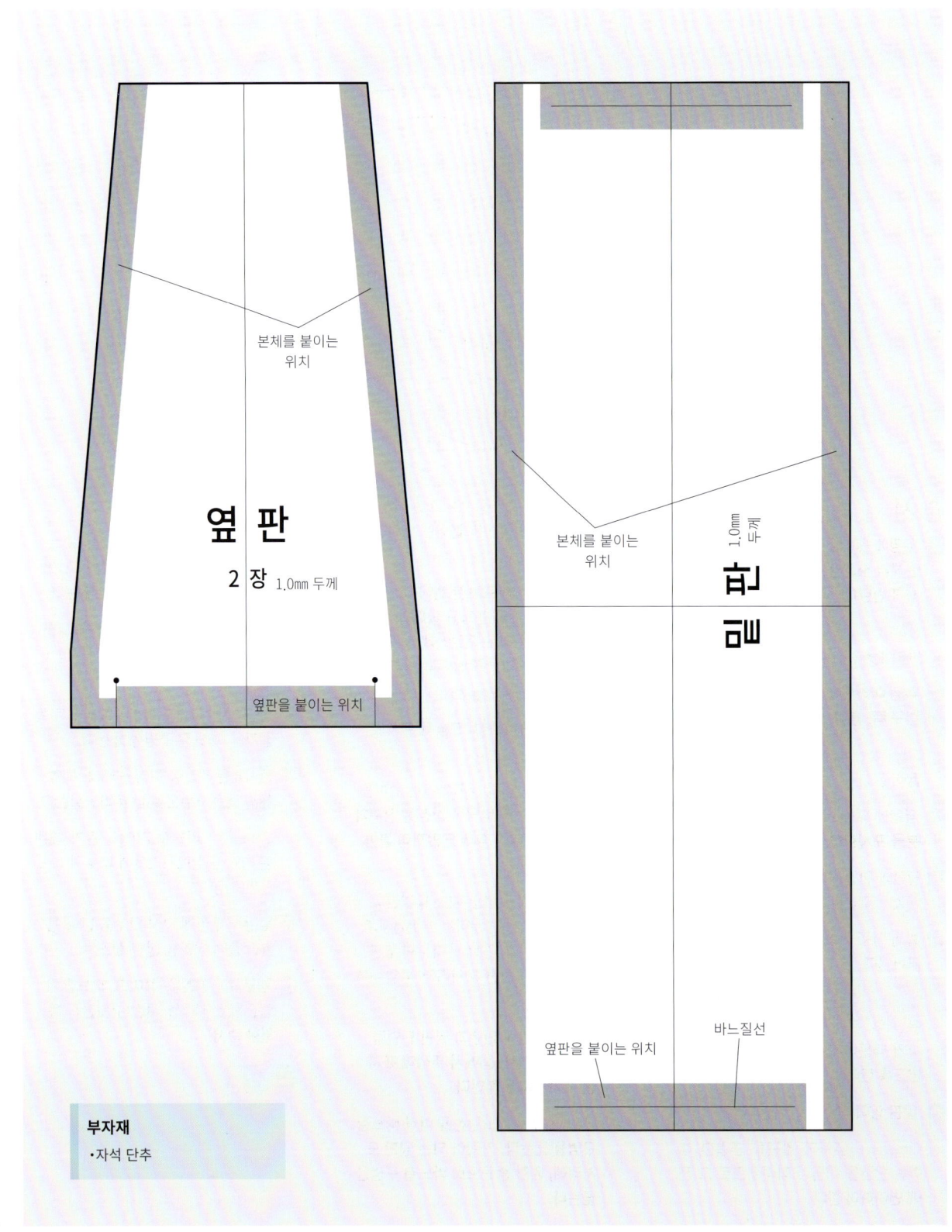

부자재
• 자석 단추

조 립 Assembly

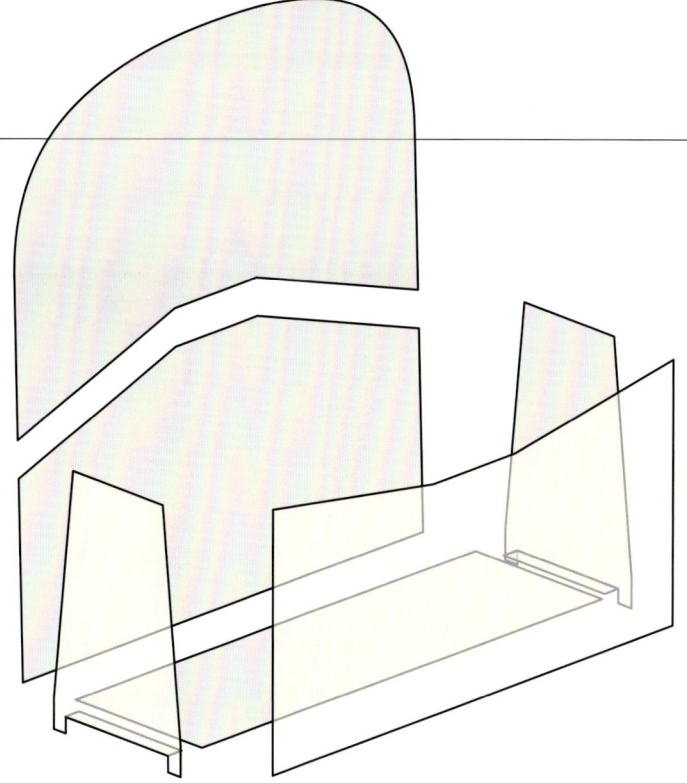

Divided one-piece gusset pouch

순 서

① 뚜껑에 뒷판을 겹쳐 붙이고, 뒷판 단면에서 4mm 정도 위치에서 바느질해서 조립한다.

Check! 바느질 시작과 끝은 옆판에서 4mm 정도 공간을 둔다.

② 뚜껑 아래면에 패턴을 겹치고 옆판 입구 쪽, 붙이는 위치를 표시한다.

Check! 이 표시가 바느질 시작과 끝이 된다.

③ 옆판에 패턴을 겹치고 칼집을 낼 부분을 표시한다.

④ 옆판과 연결하는 쪽을 향해 표시한 위치에서 수직으로 칼집을 낸다.

⑤ 칼집 안쪽 단에서 4mm 정도 범위를 긁어낸다

Check! 밑판을 연결하고 꺾어 구부린 후, 본체와 합체하면 겉이 드러나기 때문에 필요 이상으로 긁어내지 않도록 한다.

⑥ 밑판 양쪽 단면을 연마한다.

Check! 옆판과 밑판을 연결한 후에는 단면을 다듬기 어려우므로 그 전에 연마해야 한다.

⑦ 칼집을 낸 양 끝을 세우고 ④에서 긁어낸 부분과 밑판의 붙이는 위치를 맞붙인다.

⑧ 밑판의 패턴에 표시한 선에 바느질선을 긋고, 바느질 구멍을 뚫어 바느질한다. 반대쪽에도 동일하게 옆판을 잇는다. 2개의 옆판과 바닥을 이어서 한 개의 통옆판을 완성한다.

⑨ 통옆판의 양 끝에서 5mm 폭 위치에 바느질선을 긋는다.

⑩ 통옆판과 뒷판의 뚜껑붙이는 위치를 맞붙인다. 먼저 바닥쪽 중심을 정확하게 맞추고, 양쪽 향해 단면끼리 붙여 나가면 된다.

⑪ 모서리 부분을 붙일 때는 통옆판의 옆판과 밑판을 연결하는 부분을 직각으로 구부리고, ⑦에서 마감한 옆판의 모서리를 뒷판 모서리에 딱 맞두록 맞붙인다.

⑫ 이어서 뒷판쪽 단면과 옆판 단면을 나란히 하면서, ②에서 뚜껑에 표시한 표시까지 맞붙인다.

⑬ ⑨에서 그은 바느질선을 따라 바느질 구멍을 뚫는다. 기준이 되는 옆판 모서리에, 원형 송곳으로 바느질 구멍을 뚫는다.

⑭ 기준보다 바닥쪽, ⑪에서 직각으로 꺾어 구부려 붙인 위치의 슬릿도, 원형 송곳으로 바느질 구멍을 뚫는다.

⑮ 슬릿 구멍을 새로운 기준점으로 해서, 반대쪽 모서리 기준점까지 바느질 구멍을 뚫는다.

⑯ 옆판 면은 모서리 기준점에서 입구쪽 끝까지 바느질 구멍을 뚫는다.

⑰ 뚫어놓은 바느질 구멍을 따라, 통옆판과 뒷판+뚜껑을 함께 바느질한다.

Check! 바느질 거리가 길기 때문에 바닥 중심에서 2회에 나누어 바느질해도 좋다.

⑱ 앞판과 뚜껑에 자석 단추를 단다(통옆판 클러치 조립 방법 참조).

⑲ 통옆판과 앞판을 붙이고, 바느질 구멍을 뚫은 후 바느질한다(뒷판과 동일한 순서).

완 성 !

조립 Assembly

Point 1
옆판을 만든다

옆판과 바닥을 이어서 1개의 통옆판으로 만듭니다. 접합부의 칼집이나 칼집이나 단면 마감 등, 주의할 부분이 있습니다.

01

각 옆판에 패턴을 맞추고, 칼집을 넣을 곳을 표시한다

02

표시점에서 옆판에 연결되는 쪽을 향해, 수직으로 칼집을 넣는다(사진 가운데). 각 칼집의 안쪽, 단에서 4mm 정도 범위를 긁어내서 붙이는 범위를 만든다

03

밑판 짧은 변 2개의 단면을 마감한다

04

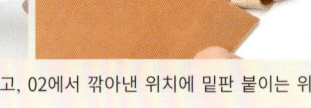

옆판에 칼집을 넣은 양 끝을 세우고, 02에서 깎아낸 위치에 밑판 붙이는 위치를 맞춰 맞붙인다

05

밑판에 바느질선을 긋고, 옆판과 합친다

06

밑판의 양 끝에 옆판을 바느질해서, 1장의 통옆판을 만든다

Point 2 통옆판과 뒷판을 조립한다

분할옆판 각 파츠를 합체하면 통옆판과 동일한 형태가 됩니다. 모서리가 직각이어서 양 모서리의 처리 방법이 다릅니다.

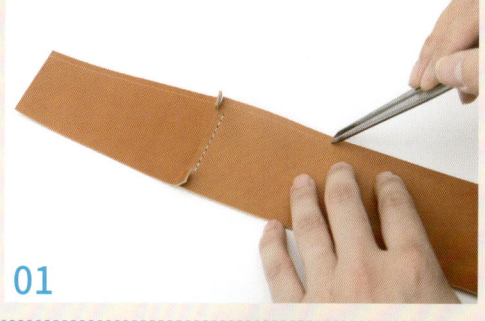

01 통옆판 양 끝, 끝에서 5mm 폭 위치에 바느질선을 긋는다. 넓은 옆판을 만든 부분도 밑판에 겹쳐 바느질선을 긋는다

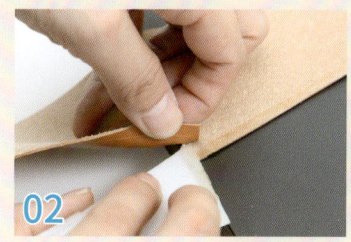

02 통옆판과 뒷판, 각 연결하는 위치에 접착제를 바른다. 밑판을 세우는 부분 (사진 위치)에도 접착제를 바른다

03 바닥 중심을 따라 양 쪽끝을 향해 모서리를 접으면서 접착제를 바른다

04 옆판 끝까지 바르고 넓은 옆판의 세운 부분을 밑판 바깥쪽으로 빼낸다

05 옆판과 넓은 옆판의 접합부를 직각으로 세우고 넓은 옆판 세운 부분을 뒷판의 모서리에 붙인다

06 통옆판(넓은 옆판) 남은 옆면을 입구를 향해 붙여나간다

07 통옆판을 뒷판에 붙여둔 상태

조립 Assembly

Point 3 바느질 구멍을 뚫는다

분할옆판과 본체를 바느질할 때 바느질 구멍은 직각으로 구부려서 붙인 모서리 부분을 기준으로 뚫습니다.

본체에 붙인 옆판 조립부, 바느질선이 교차되는 곳에, 기준점이 되는 바느질 구멍을 뚫는다. 원형 송곳을 사용하면 된다

기준점의 가장자리, 칼집 부분에 원형 송곳으로 구멍을 뚫고, 그 구멍을 기준으로 밑판의 바느질선 위에 구멍 자국을 낸다

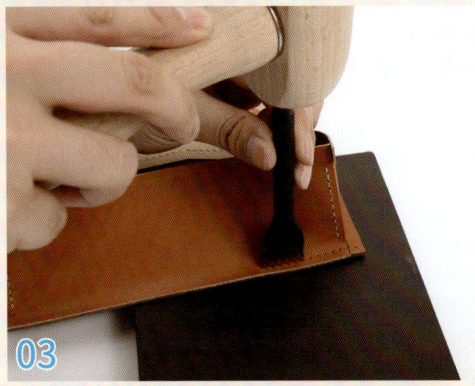

02의 칼집 바깥쪽에 만들어놓은 선을 따라 바느질 구멍을 뚫는다. 칼집이 없는 옆판은 기준점에서부터 자국을 내면서 동시에 구멍을 뚫는다

Dvided One-piece gusset pouch

취미, 반려동물을 위한
외출용 가죽 소품

'소품이나 가방은 몇 개 만들었고,
이제는 좀더 색다른 아이템이 필요해.'
라고 생각하시는 분들을 위한 아이템,
바리에이션도 쉬운 가죽 소품 6종입니다.
응용하기 쉬운 테크닉을 소개하고 있으니,
사이즈나 형태를 변형해서
오리지널 작품에 도전해보세요.

- 반려견 목걸이 ········· P.122
- 리드 ············· P.126
- 카메라 가방 ········· P.130
- 넥 스트랩 ·········· P.134
- 여권지갑 ··········· P.140
- 두루마리 키트 ········ P.146

Dog collar
반려견 목걸이

버클이나 D링을 벨트에 통과해서,
리벳을 다는 것만으로 완성하는 아이템.
차분한 인상의 가죽줄과,
분위기 있는 황동 장식을 매치하였습니다.
반려견의 개성과 성격에 맞춰
전용 목걸이를 만들어봅시다.

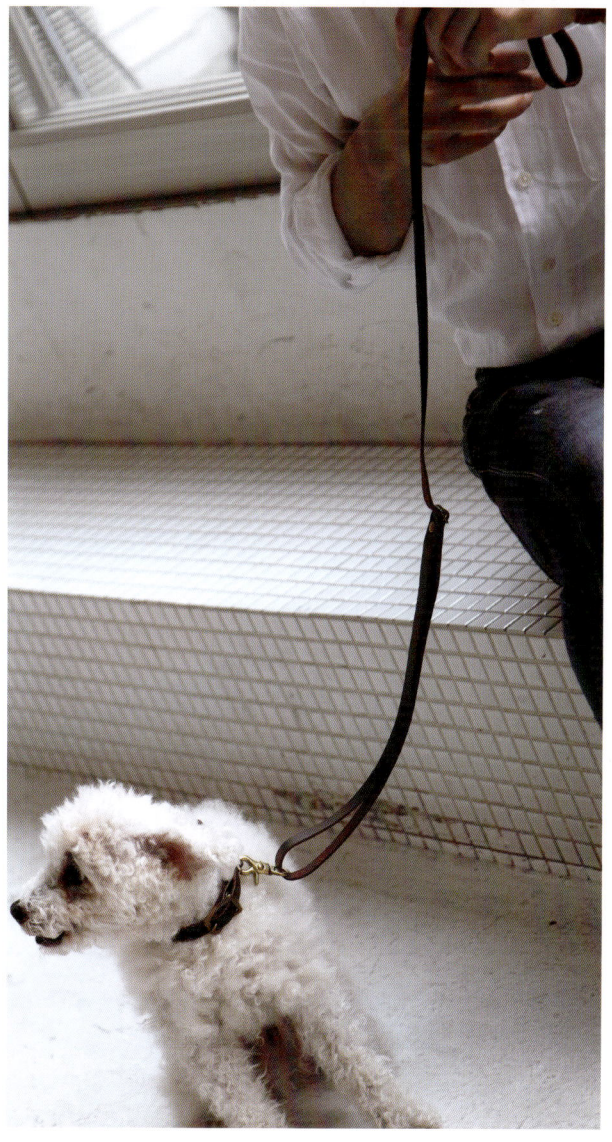

버클용의 핀 구멍은 사이즈가 딱 맞으면 1개만 뚫어도 된다. 또한 종을 달 수도 있다

패 턴 Pattern

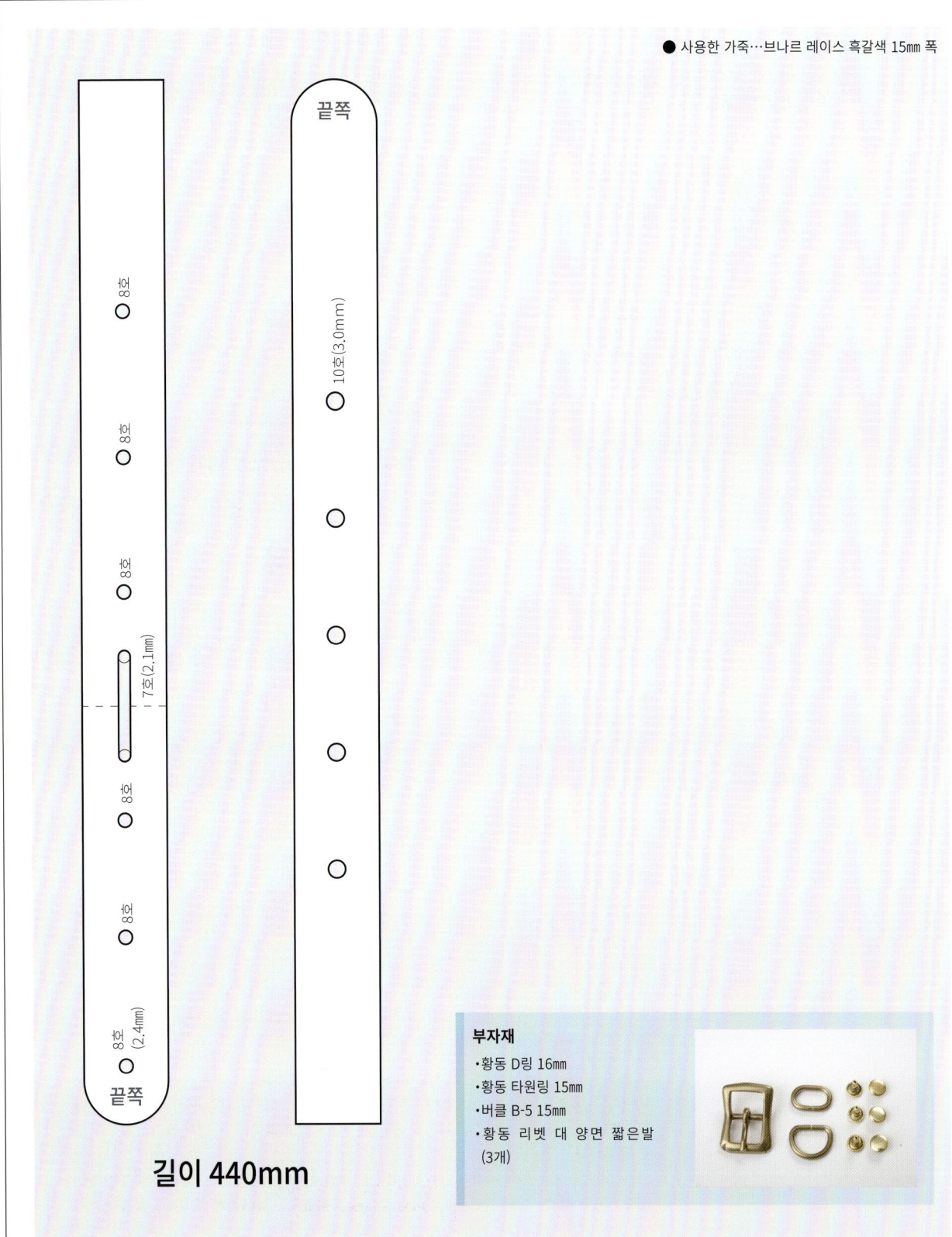

조 립 Assembly

순 서

1 440mm 정도 길이로 자른 레이스 양 끝을 패턴에 맞춰 커트하고 구멍을 뚫는다..

2 슬릿으로 핀을 끼우고 버클을 통과한다.
   Check! 핀의 방향에 주의. 바깥쪽을 향해야 한다.

3 버클의 바로 옆 구멍을 리벳으로 고정한다.

4 타원링을 통과한다.

5 타원링 옆의 구멍을 리벳으로 고정한다.

Check! 겉면과 뒷면의 구멍 간격이 어긋나 있으므로 직사각링이 들어갈 틈이 생긴다.

6 D링을 통과한다.

7 D링 주변의 구멍을 리벳으로 고정한다.

Advice

금속장식을 통과하는 순서에 주의하며 각 구멍에 리벳을 넣어 고정하면 완성되는 아주 간단한 소품입니다. 리벳이 제대로 박히도록 세게 쳐서 고정해주세요.
패턴에 기재된 구멍 위치는 소형견~중형견종에 사용하는 평균 위치입니다. 대형견은 '브나르 레이스' 30mm 폭을 두 장 겹쳐서 바느질하는데, 두껍고 장력 있는 생지 레이스를 사용해도 좋습니다.
가죽 폭과 두께는 표준이지만 금속장식이나 가죽의 선택지가 넓으므로 다양하게 조합해보세요. 이 책에서는 차분한 느낌의 가죽과 장식을 사용했지만 화려하게 만들어도 좋습니다.

Lead
리드

반려견 목걸이와 동일한 레이스를 사용한
반려견 리드입니다.
함께 사용하면 좋습니다.
금속장식도 동일한 재질을 사용하면
통일감이 있습니다..
비죠라는 금속장식을 끼워서
길이를 조절할 수 있습니다.

동일한 가죽 레이스와 금속장식을 사용하면 디자인에 통일감이 생긴다. 반려견 목걸이를 만들 때 함께 재료를 구하는 것을 추천

패 턴 Pattern

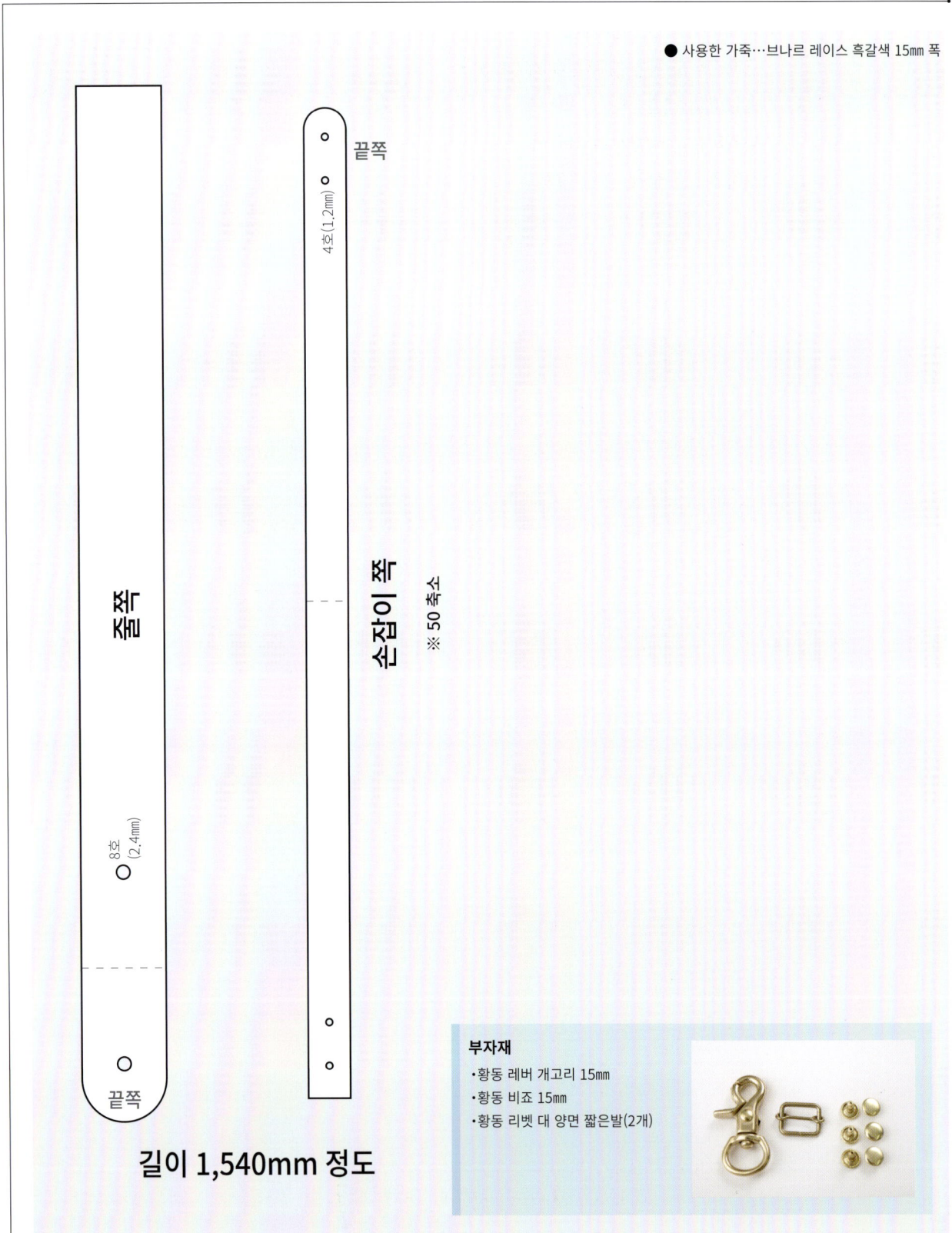

조 립 Assembly

순서

① 전체 길이 1,540㎜ 정도로 자른 레이스를 사용한다.

② 양 끝에 패턴대로 구멍을 뚫는다.

③ 비죠 끝을 비죠 축에 통과하고 구멍을 리벳으로 고정한다.

④ 손잡이 끝에 레버 개고리를 통과한다.

⑤ 손잡이 쪽 단 끝에 비죠를 통과한다.

⑥ 손잡이 쪽을 꺾고, 두쌍의 구멍을 리벳으로 고정한다.

Advice

비죠는 끼울 때 요령이 필요하지만 리벳 박는 방법에 익숙해지면 초보라도 쉽게 만들 수 있는 아이템입니다. 가죽과 금속 장식에 따라 느낌이 다르니 여러 종류의 색을 조합해 만들어서 좋아하는 콤비네이션을 찾아보세요.
가죽은 2㎜ 두께도 괜찮으니 굳이 피하거나 두꺼운 가죽을 찾을 필요가 없습니다. 힘이 센 대형견이어서 내구성이 걱정된다면 가죽끼리 맞붙이고, 보강 테이프를 붙여서 보강하면 좋습니다. 양 사이드에 바느질을 해도 효과적이지만 바느질 범위가 넓어 시간이 걸릴 수 있습니다.

Camera case

카메라 가방

콤팩트한 디지털 카메라를 쏙 집어넣을 수 있는
내츄럴한 분위기의 카메라 케이스입니다.
단순한 원 피스 구조라서
붙이는 위치를 잘 맞추기만 하면 자연스럽게 형태가 만들어
집니다.
본체 양 끝에 D링을 달아 스트랩을 걸 수도 있습니다.
숄더 타입 어린이 클러치로도 추천합니다.

패턴 Pattern

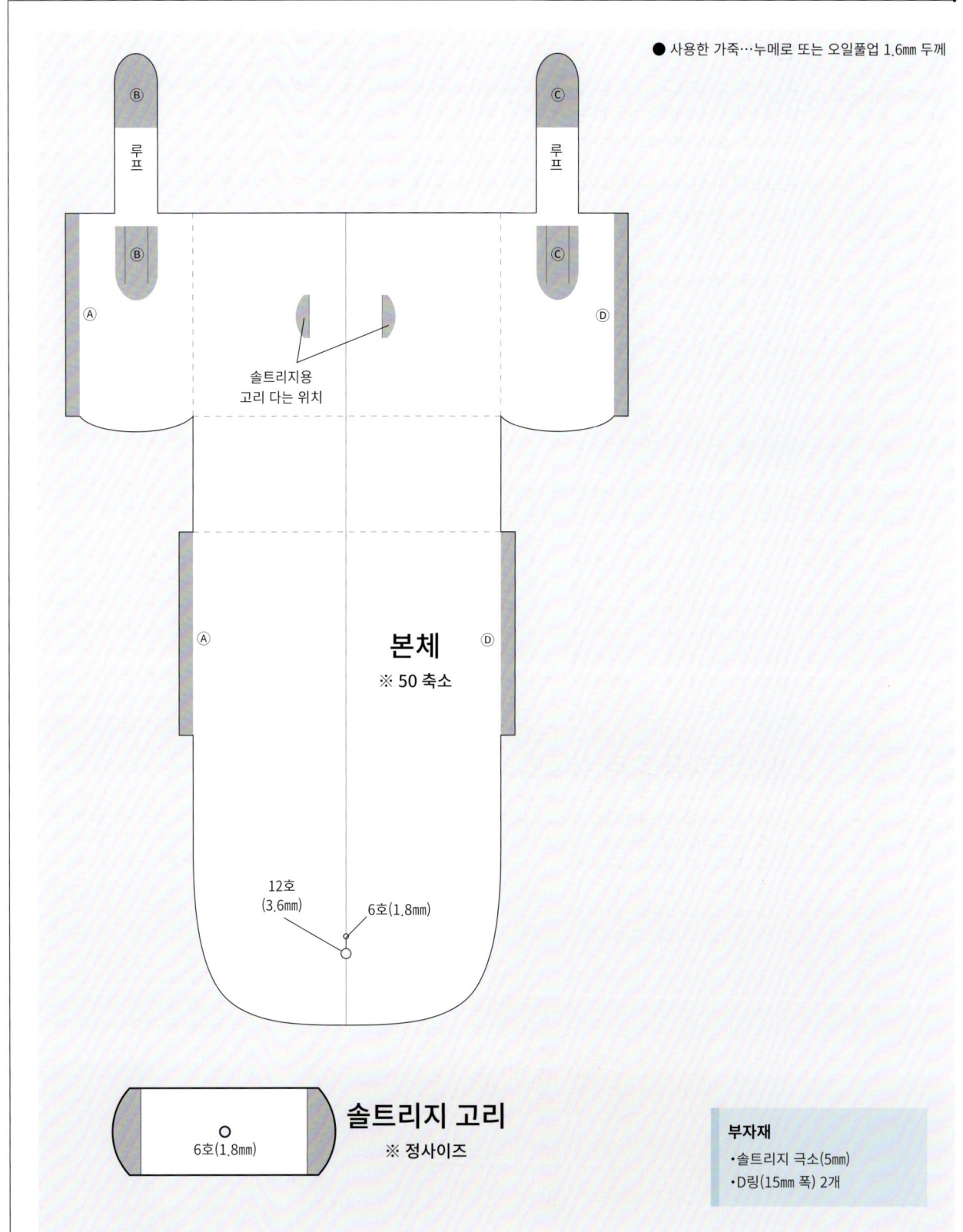

조 립 Assembly

순서

① 본체 뚜껑 부분 2곳에 원형 펀치로 구멍을 뚫고, 구멍 중심을 잇는 칼집을 넣어 솔트리지 고리를 만든다.

② 솔트리지용 고리에 구멍을 뚫고, 솔트리지를 단다.

③ 솔트리지용 고리를 앞판에 바느질해서 단다.

④ 옆판의 루프에 D링을 통과하고, 바닥쪽을 꺾어서(Ⓑ/Ⓒ) 맞붙인다.

⑤ 붙인 곳을 바느질해서 잇는다.

⑥ 본체의 점선을 가볍게 산모양으로 접고, 옆판 측면과 뒷판 측면(Ⓐ/Ⓓ)을 맞붙인다.

⑦ 붙인 부분을 바느질한다.

완성!

솔트리지용 고리 사용법

카메라 가방 앞판 부분에 있는 솔트리지용 고리에 뚜껑을 걸어 뚜껑을 고정합니다. 고리는 아래와 같이 겁니다.

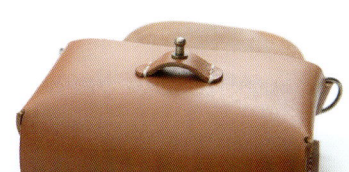

앞판에 직접 솔트리지를 달지 않고 독립된 솔트리지용 고리를 만들어 솔트리지를 단다

솔트리지용 고리와 앞판 사이에 손가락을 넣어 아래에서 솔트리지를 누르면서 뚜껑을 고리에 건다

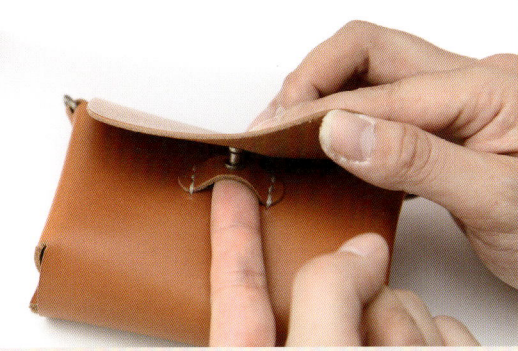

Neck strap
넥 스트랩

끝에 개고리를 걸어서 길이를 조절하고
센터에는 어깨 패드를 달아
가방이나 클러치용 스트랩으로 활용할 수 있는
다기능 넥 스트랩입니다.
앞서 소개한 카메라 가방에도 잘 어울리는
세트 아이템입니다.

사용하는 사람에 따라 길이를 정해서 만들 수 있다. 카메라 가방 외에도 여러 종류의 아이템과 조합해서 사용하면 편리.

조립 Assembly

패턴은 권말의 삽지 참조

● 사용한 가죽…보노 레이스 10mm 폭
킵 오일풀업 1.0 / 1.8mm 두께

부자재
- 개고리 12mm(2개)
- 버클 B-24 10mm(2개)
- 직사각링 K-1 12mm(2개)
- 리벳 소 양면 짧은발(6개)
- 바르솔(보강재) 0.6mm 두께

Advice

어깨 패드 중간에 레이스를 넣으면, 단차가 어깨를 압박하기 때문에 보강재를 넣어서 평평하게 만듭니다.
어깨 패드는 레이스를 끼워넣도록 만드는데, 겉, 보강재, 안 파츠를 겹쳐서 어깨에 닿는 면이 평평해지도록 작업합니다. 또한 안 파츠는 옷에 계속 닿기 때문에 물 빠짐 없고 이염이 잘 되지 않는 가죽을 써야 합니다(가죽 구입 시 구입처에 문의하세요).
스트랩 부분 양 끝은 길이 조절 기능이 가능한 금속장식을 사용합니다. 조립은 리벳으로 걸면 되므로 간단합니다. 접어서 겹치는 부분은 비스듬히 피할하면 만들기도 쉽고 모양도 깔끔합니다.

순서

① 1,400mm 정도로 자른 레이스 양 끝에 패턴대로 구멍을 뚫는다.

② 레이스 양 끝은 피할하면 형태가 깔끔하게 잡힌다 ('Point 1 레이스 피할 방법' 참조).

③ 레이스 양 끝에 개고리, 직사각링, 버클을 통과하고, 리벳으로 고정한다('Point 2 금속장식을 다는 순서' 참조).

④ 어깨 패드의 안감과 보강재를 패턴대로 자른다. 어깨 패드 겉감은 안감과 동일한 길이지만 폭은 10mm 정도 넓게 자른다.

⑤ 스트랩과 어깨 패드 안감 센터를 맞춰 놓고 어깨 패드의 길이를 스트랩에 표시한다.

❻ 안감 바닥면과 보강재 한쪽면에 접착제를 바르고 센터를 맞춰 맞붙인다.

 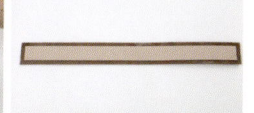

❼ 보강재 다른 면, 스트랩 표면에도 접착제를 바르고 센터를 맞춰 맞붙인다.

❽ 바닥면에 접착제를 바른 어깨 패드 겉감을 스트랩 위에 씌우고 양 사이드를 안감과 딱 붙인다.

Check! 이 때, 구부리거나 틀어지지 않도록 종이를 사이에 놓고 가장자리부터 신중하게 붙여나가면 좋다.

❾ 양 사이드 어깨 패드 겉감의 남는 부분을 안쪽에서 잘라 낸다.

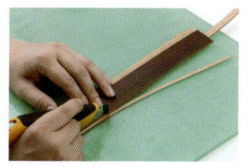

❿ 어깨 패드 양 사이드를 바느질하고 양 끝에 적당한 위치에 보강용 리벳을 박아 완성.

Check! 어깨 패드 모서리는 취향에 따라 비스듬하게 잘라도 예쁘다.

Point 1 레이스 피할 방법

스트랩 용 레이스를 길이대로 자른 후, 양 끝 바닥면을 사선 피할한다(범위는 20~30mm). 유리판 위에 가죽을 놓고 사진처럼 칼 끝을 눕히고 깎아 낸다는 느낌으로 피할한다

위의 방법대로 피할하면 끝단의 털이 일어나서 두께가 생기기 때문에 왼쪽 사진처럼 칼로 잘라 내준다. 단차나 요철 없이 부드럽게 사선이 되는 것이 이상적.

137

조 립 Assembly

Point 2 금속장식을 다는 순서

01 레이스 끝단에 버클을 끼운다. 핀이 바깥(레이스 끝단) 쪽을 향하게 한다
02 그 다음 직사각링과 개고리를 끼운다

03 끝단을 개고리 위치에 맞춰 접고 다시 직사각링을 통과한다
04 버클 고리에 맞추듯 통과한다

05 레이스를 끼우고, 리벳용 구멍이 겹치도록 접는다
06 구멍을 리벳으로 고정한다

마지막으로, 레이스를 버클에 꽉 끼우고 전체 형태를 만든다

Neck strap

Passport case
여권 지갑

여권을 슬림하게 수납할 수 있는
노트형 다기능 여권 지갑.
4단의 카드 포켓과
심플한 날개형 포켓이 한 개.
몸에 지니고 다니는 아이템인 만큼
가죽으로 커버를 씌워봅시다.

내장에 카드 포켓과 날개형 포켓을 달고, 전체를 함께 바느질한다. 심플하면서도 많이 쓰이는 테크닉이므로 지갑이나 수첩 커버 등 다양한 노트형 아이템에 응용할 수 있다

패 턴 Pattern

● 사용한 가죽…누메로 또는 오일풀업 1.0mm 두께

본체

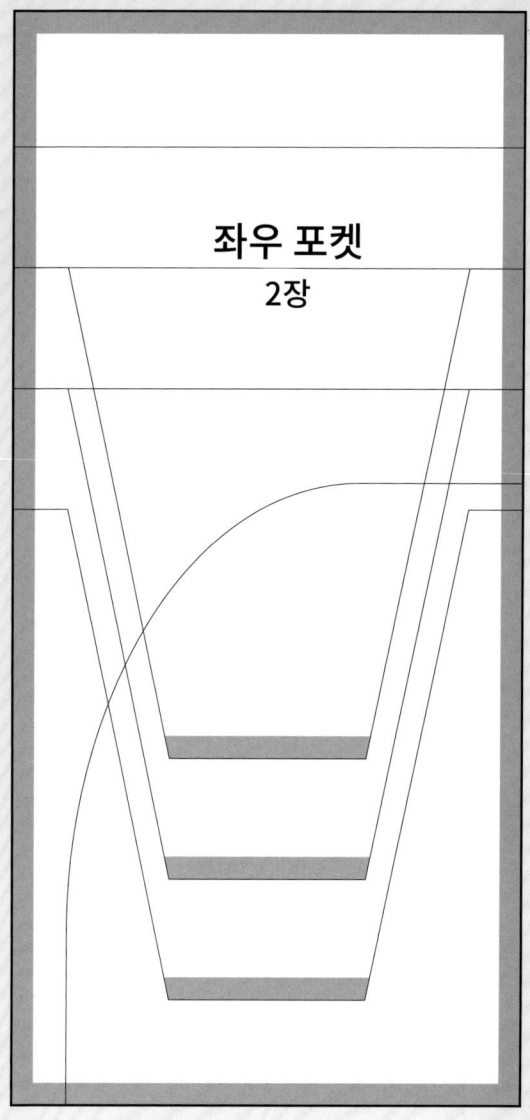

조 립 Assembly

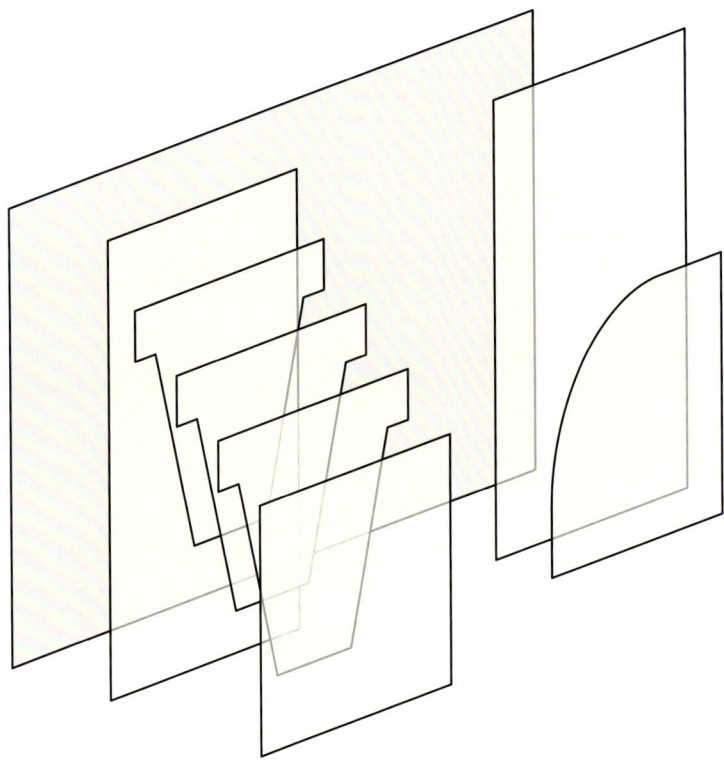

순서

1. 우 포켓에 작은 포켓을 붙인다.
2. 좌 포켓에 카드 포켓 A, 아래변을 붙인다.
3. 맞붙인 아래변을 바느질한다.
4. 동일한 순서를 반대로 해서 앞서 바느질한 카드 포켓 A에 겹쳐, 남은 2장의 카드 포켓 A를 좌 포켓에 바느질한다.
5. 카드 포켓 B 입구 부분 세 변을 좌 포켓에 맞붙인다.
6. 좌 포켓의 오른쪽 면을 함께 바느질한다.
7. 좌우의 포켓을 본체에 붙인다.
8. 본체 전면을 바느질한다.
9. 취향에 따라 모서리를 잘라내고 단면을 마감한다.

완 성 !

좌 포켓 만드는 방법

여러 장의 카드를 수납할 수 있는 좌 포켓. 먼저 V자형 카드 포켓 A를 겹쳐서 달고, 그 다음 카드 포켓 B를 아래에 합칩니다. 마지막으로 오른쪽을 바느질합니다.

좌 포켓을 구성하는 파츠. 베이스가 되는 포켓 가죽(좌우 포켓)은 좌우 공통

01

카드 포켓 A의 바닥쪽 한 변을 포켓 가죽에 대고 바느질한다

02

2장 째의 카드 포켓 A를 겹치고, 바닥쪽 한 변을 포켓 가죽에 동일하게 바느질한다. 3장째도 동일하게 바느질하고 각 카드 포켓 A의 양쪽을 붙인다

03

카드 포켓 B를 3장 째의 카드 포켓 A의 위에 겹친 후, 입구를 남기고 3개 변을 붙인다

04

안쪽으로 향하는 오른쪽 변을 바느질하면 좌 포켓 완성. 남은 변은 본체와 함께 바느질한다

Roll bag
두루마리 키트

돌돌 말아 벨트로 고정하는 타입.
펼치면 공구를 담을 수 있습니다.
걸 수 있도록 스트랩도 만들어봅시다.
필통으로도 쓸 수 있어
활용도가 높은 아이템입니다.

본체에 바느질해서 다는 고리 벨트
끝을 슬릿에 끼우고 구멍을 솔트리지
에 걸면 확실하게 고정할 수 있다

패턴 Pattern

● 사용한 가죽…누메로 또는 오일풀업 1.0 / 1.6mm 두께

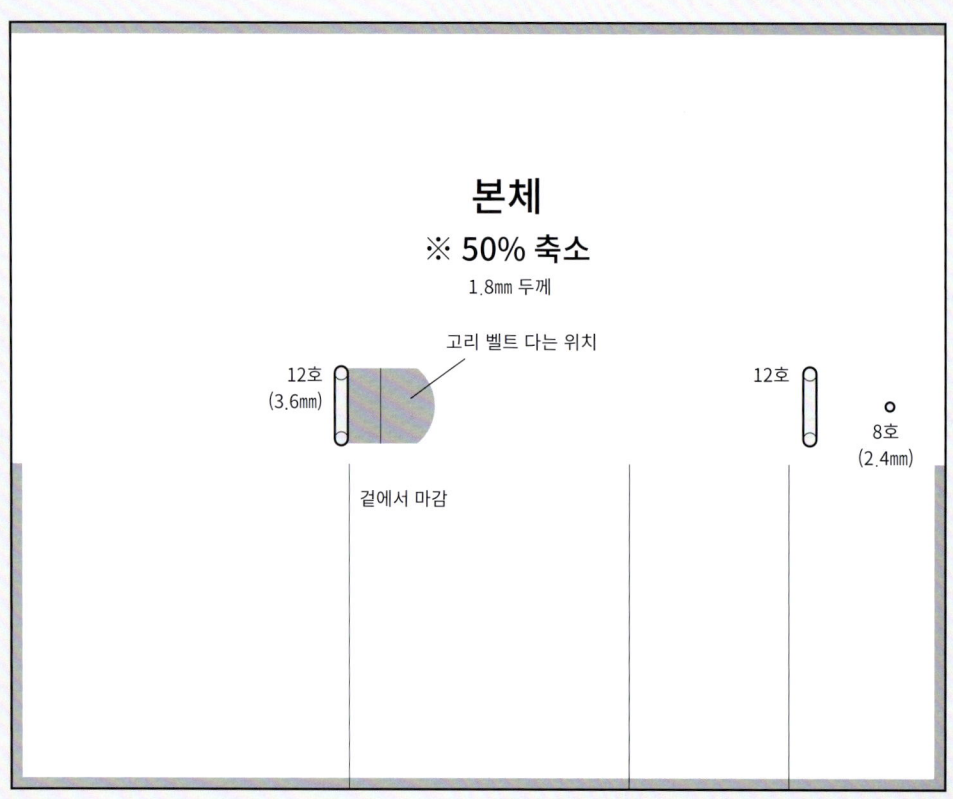

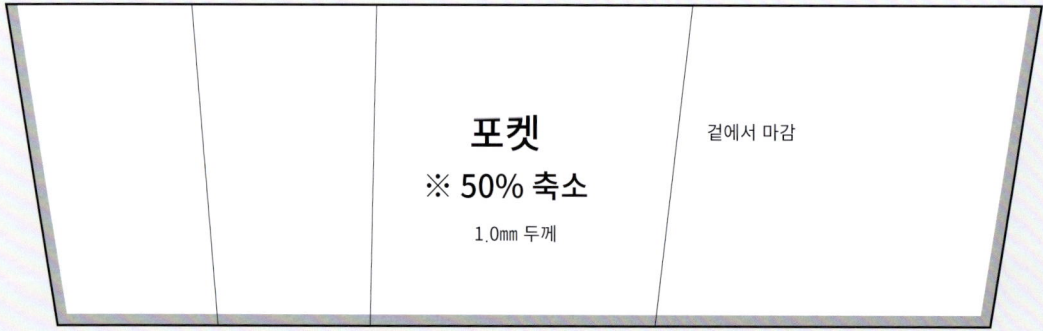

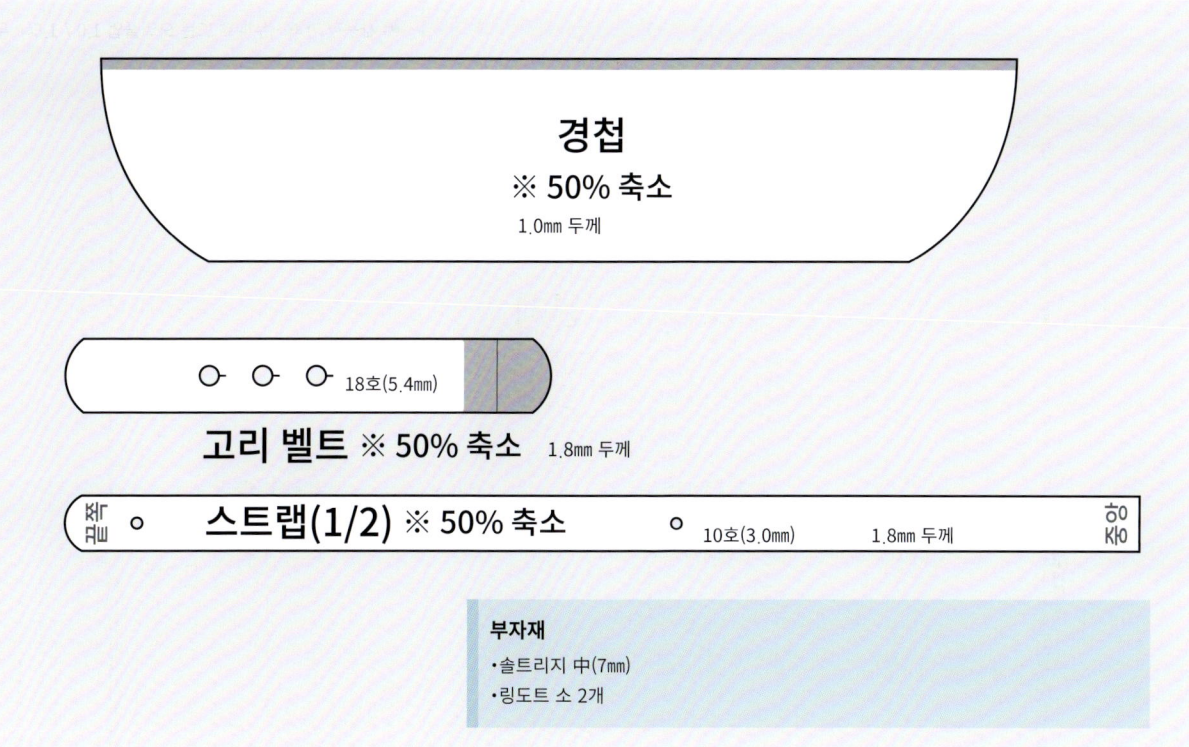

조립 Assembly

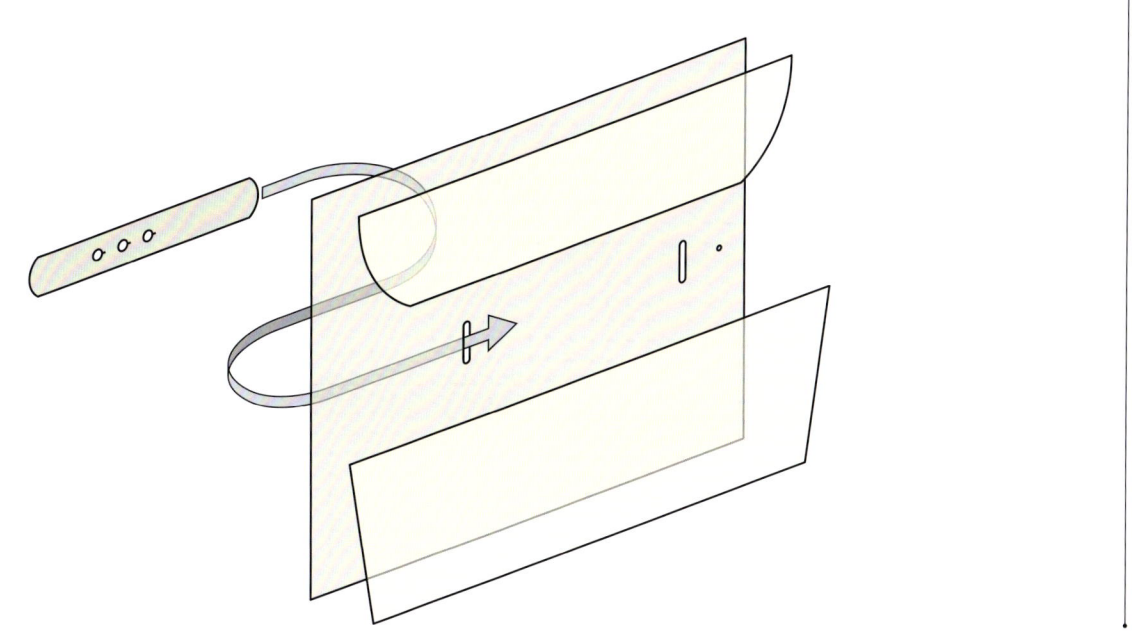

조 립 Assembly

순 서

1. 원형 펀치로 고리 벨트에 구멍을 내고, 구멍 바로 옆에 칼집을 넣는다.
2. 원형 펀치로 본체 5곳에 구멍을 뚫는다.
3. 고리 벨트를 거는 구멍의 옆을 연결해서 잘라내면서 슬릿을 만든다.
4. 본체와 포켓 각 자르는 선에 바느질 구멍을 뚫는다. 구멍수를 동일하게 맞춰야 한다.
5. 본체 겉면에서 중앙의 슬릿을 향해 고리 벨트 끝을 건다.
6. 고리 벨트를 본체에 바느질해서 합체한다.
7. 경첩을 본체에 붙이고 바느질한다.
8. 포켓의 긴 쪽을 본체에 바느질한다.
9. 포켓 각 잘라낸 부분을 함께 바느질한다.
10. 본체 양쪽면을 포켓 측면과 겹쳐서 끝까지 바느질한다. .
11. 솔트리지를 단다.
12. 스트랩에 원형 펀치로 구멍을 내고, 링도트를 단다.

완 성 !

Point

링도트 다는 방법

스트랩 양 끝에 링도트(소)를 달 때는 각종 링도트 머리 크기에 맞는 종발(메탈 플레이트)과 전용 링도트도구를 사용합니다.

스트랩 양 끝을 거는 링도트. 여기서는 고리 끝에만 머리를 다는데, 별도로 1세트 머리를 준비해서 양면을 모두 머리로 달 수도 있다

01 메탈 플레이트를 준비하고, 링도트 머리 크기에 맞는 홈을 찾아 스트랩 끝 구멍에 머리를 끼운다. 암단추를 맞춘 후 링도트 도구로 고정한다

02 링도트에 맞추는 안단추를 메탈 플레이트 평평한 면에 놓고 다는 위치 구멍에 안단추를 끼운다. 숫단추 발에 암단추를 끼운 후 도구로 때려서 고정한다

부 록

가죽공예의 기초적인 지식을 모아서 부록으로 꾸렸습니다. 패턴, 재료, 도구, 추천 서적과 간단한 사용법을 모아놓았으니 메이킹에 활용하여 작품의 완성도를 높여봅시다.

- 패턴 사용법 ······ P.152
- 추천 가죽 ······ P.154
- 금속장식 도감 ······ P.156
- 도구 도감 ······ P.162
- 감수기업 소개 SEIWA ······ P.172
- 추천 서적 ······ P.174

패턴 사용법 Petterns

패턴은 오른쪽에 기재된 룰을 따라 작업합니다. 일부 아이템은 가죽공예 경험자라면 패턴만 봐도 조립할 수 있도록 정보를 구성하였습니다.

책 안의 패턴을 사용할 때는 복사해서 두꺼운 종이에 붙입니다. A3 사이즈 이하로 구성하였습니다만, 잘 복사가 되지 않을 때는 분할복사해서 선을 따라 붙여주세요.

패턴집의 패턴은 커팅되어 있으므로 뜯어서 사용하기만 하면 됩니다. 일부 큰 패턴은 쪼개져 있는데 A, B, C를 이어붙이면 정사이즈가 됩니다.

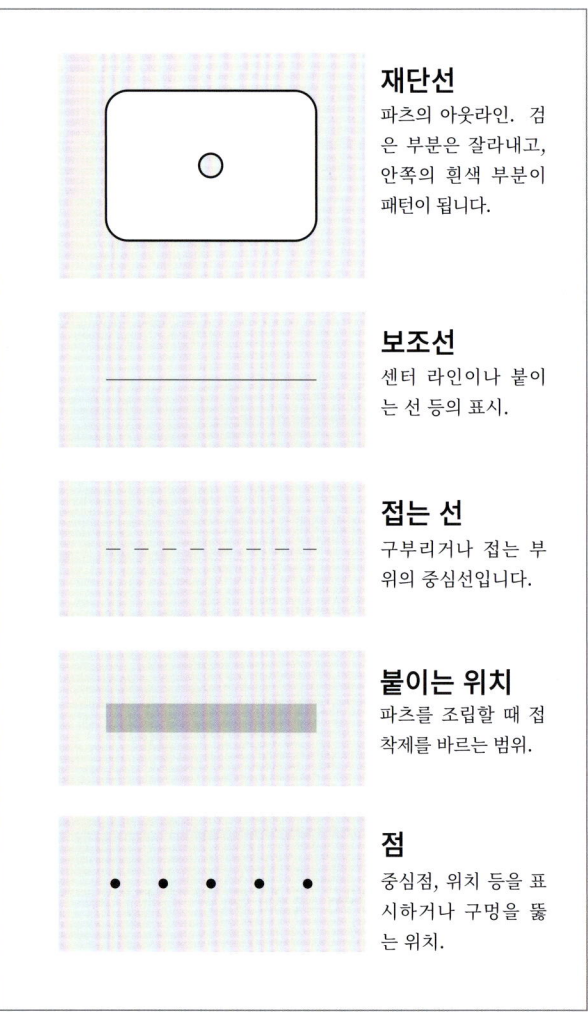

재단선
파츠의 아웃라인. 검은 부분은 잘라내고, 안쪽의 흰색 부분이 패턴이 됩니다.

보조선
센터 라인이나 붙이는 선 등의 표시.

접는 선
구부리거나 접는 부위의 중심선입니다.

붙이는 위치
파츠를 조립할 때 접착제를 바르는 범위.

점
중심점, 위치 등을 표시하거나 구멍을 뚫는 위치.

■ 순서

① **패턴을 복사한다**
먼저 책에 기재된 패턴을 복사 합니다.

② **두꺼운 종이에 붙인다**
자르는 선보다 사방 1cm 이상 큰 두꺼운 종이에 패턴을 붙입니다. 클리어파일에 붙여도 괜찮습니다. 고체풀이나 고무계열 본드를 사용합니다.

③ **패턴을 잘라낸다**
자르는 선에 맞춰 정확하게 잘라내서 패턴을 만듭니다. 직선은 자를 대고 자르면 정확합니다. 선 중앙을 커트하면 오차를 최소화할 수 있습니다.

■ 원형 구멍 뚫는 방법

패턴에 그려진 둥근 구멍을 뚫을 때는 책에 기재된 사이즈의 원형 펀치를 사용해 패턴에 구멍을 뚫습니다. 뚫을 때는 파츠에 패턴을 정확히 겹치고, 원형 펀치를 꾹 눌러줍니다. 그 다음은 원형 펀치 자국에 맞춰 망치로 두들기면 됩니다.

■ 칼집 넣는 방법

칼집, 즉 길고 가는 구멍을 만드는 방법은, 먼저 양 끝에 두께를 맞춰 원형 펀치로 구멍을 뚫습니다. 그리고 구멍을 이을 수 있게 커터 또는 칼펀치로 긴 슬릿을 냅니다. 가죽에도 동일한 요령으로 구멍을 만들면 됩니다.

■ 50% 축소 패턴 작업 시 주의점

이 책에 들어있는 패턴은 대부분 실사이즈이지만 일부 파츠는 50%로 축소되어 있습니다. 파츠에 50% 축소로 표기된 경우는 200% 사이즈로 확대 복사해서 사용해 주세요. 패턴집에 들어있는 패턴은 모두 정사이즈입니다.

■ 바느질 구멍 위치를 미리 정하면 편리

조립 과정에서 바느질할 부분에 바느질 구멍을 뚫는 작업이 필요합니다. 구멍이 균등한 간격으로 나오도록 위치를 지정하는 것이 중요합니다. 가죽에 직접 구멍을 뚫기 전에 패턴에 미리 위치를 지정해놓으면 작업할 때 구멍 위치를 정확하게 뚫을 수 있습니다. 특히 같은 작품을 여러 번 만들 경우에 편리하고 작품 퀄리티도 높아집니다.

추천 가죽 Leather

이 책에서 쓰이는 가죽을 소개합니다. 메인이 되는 가죽은, SEIWA사가 판매하는 '누메로'와 '오일 풀업'입니다. 1.6㎜ 두께이므로 아이템이나 파츠에 따라 피할할 필요가 있습니다. 형태를 정확하고 편하게 만들기 위해 필요합니다. 레이스는 베지터블과 크롬 가죽 둘 다 소개합니다. 목적이나 마감에 맞게 사용하면 됩니다. 책에서 사용하는 보강재도 여기서 소개합니다.

가죽 고르는 방법

가죽은 크게 분류하면 탄닌 무두질한 베지터블 가죽과 크롬 가죽으로 나뉩니다.

많은 분들이 알고 계시듯, 가죽 고르는 방법은 다양하기 때문에 절대적인 룰은 없지만 크게는 이 두 가지로 나누어서 생각하면 편합니다. 이 책에서 소개하는 손바느질 가죽공예에는 탄닌 무두질 가죽이 주가 되고 아이템에 따라서는 크롬 무두질 가죽에 탄닌을 넣은 콤비네이션 가죽도 사용합니다. 장력이 있고 단면을 연마하면 광택이 나서 작업하기 좋습니다. 두께는 1.0~2.0㎜ 정도를 준비합니다. 그보다 얇으면 힘이 없어서 단면이 무너지고 두꺼우면 단단해서 형태가 망가집니다. 파츠에 따라 두께를 조절하면 예쁘게 작업할 수 있으니 이 책의 설명을 참고해서 만들어봅시다.

■ 누메로

탄닌 무두질하고 부드럽게 마감한 가죽. 은면에 은은하고 적당한 광택을 머금고 있어 가죽의 내츄럴함이 돋보입니다. 베지터블 가죽이어서 단면을 문질러 광택을 낼 수도 있습니다. 두께는 1.6㎜로 부분적으로 피할하면 아이템 완성도가 높아집니다. 컬러는 8색.

■ 오일 풀업

오일을 풍부하게 머금은 탄닌 무두질 가죽입니다. 느낌도 좋고 사용할 수록 광택이 풍부해져서 에이징에 깊이가 더해집니다. 두께는 1.6㎜ 정도이며 작품에 따라 피할해서 사용합니다. 색은 전부 여섯 종류가 있습니다.

■ 보노 레이스

탄닌 무두질한 베지터블 가죽으로 만든 2.2㎜ 두께의 소가죽 스트랩. 바닥과 단면에도 색을 입혔기 때문에 따로 단면 마감을 할 필요가 없어 편리. 폭은 5㎜, 8㎜, 10㎜ 총 3종류. 색은 내츄럴, 캬라멜, , 붉은색, 검정, 흑갈색(묶음 단위로 파는 중갈색, 연갈색, 벽돌색, 짙은 청색도 있습니다).

■ 브나르 레이스

약 2㎜ 두께의 크롬 가죽으로 만들어 부드러운 소가죽 스트랩. 표면은 매트하지만 사용하다보면 광택이 납니다. 15㎜와 30㎜ 2 종류가 있고 이 책에서는 15㎜ 폭을 사용합니다. 색은 검정과 흑갈색 2종류.

■ 바르솔

천연가죽 가루를 압착하고 단단하게 고정해서 시트로 만든 보강재. 부드러워서 벨트나 주머니 류의 보강재로 좋습니다. 재질은 가죽과 비슷해서 피할도 할 수 있습니다. 두께는 0.6㎜, 1.0㎜ 2종류가 있고 이 책의 넥 스트랩'에서는 0.6㎜ 두께를 사용합니다(역자주 : 바르솔은 일본 브랜드이며 한국에서는 독일브랜드 LB를 주로 사용합니다).

■ 텍션

종이 섬유에 수지를 흘려넣은 보강재. 장력이 있어서 텐션을 주고 싶은 파츠에 붙입니다. 부드러운 가죽을 사용해서 형태를 잡아야 하는 가방이나 클러치 등을 만들 때 사용합시다. 두께는 0.45㎜, 0.6㎜, 0.9㎜이 있으므로 작품 크기에 맞춰 사용합시다.

금속장식 도감 Metal Parts

이 책에 쓰인 금속장식 컬러와 사이즈를 소개합니다. 같은 아이템이어도 다른 색의 금속장식을 쓰는 것만으로 분위기가 달라지기 때문에, 다양하게 골라보면서 취향을 찾아봅시다. 금속장식 종류에 따라 내경, 외경 등의 수치가 다르게 표시되어 있습니다.

[금속장식 컬러]
N:니켈 G:도금 B:황동 BN:황동니켈 AT:앤티크 니켈
BB:흑니켈 BZ:황동니켈 DG:대용금

■ 황동 레버 개고리

① 황동 짧은 레버 개고리 ……………… 8mm
② 황동 짧은 레버 개고리 ……………… 10mm
③ 황동 레버 개고리 …………………… 10mm
④ 황동 레버 개고리 …………………… 15mm
⑤ 황동 레버 개고리 …………………… 17mm
※수치는 내경

■ 황동 D링

10 / 12 / 16 / 18 / 21 / 24 / 30 / 40mm
※수치는 내경

■ 황동 O링

12 / 15 / 18 / 21 / 24 / 30 / 40mm
※수치는 내경

■ 황동 직사각링

12 / 15 / 18 / 21 / 24 / 30 / 40mm
※수치는 내경

■ 황동 타원링

15 / 18 / 21 / 24 / 30mm
※수치는 내경

■ 솔트리지

① 극소 ……………… 5mm
② 중 ………………… 7mm
③ 대 ………………… 10mm
※수치는 머리 외경

■ 황동 리벳

① 리벳 소 양면 짧은발 … 6×7.3mm
② 리벳 소 양면 긴발 …… 6×8.3mm
③ 리벳 대 양면 짧은발 … 9×9mm
④ 리벳 대 양면 긴발 …… 9×10.5mm
※수치는 외경×높이

■ 황동 스프링도트

- No.2 소 ········· 11.5×4.5㎜   • 8050 특대 ········ 15×5.6㎜
- No.5 대 ········· 12.6×5.8㎜   ※수치는 외경×높이

■ 황동 링도트

- 7060 소 ································· 12.6×7×6㎜
- 7050 대 ································· 15×8.3×7㎜

※수치는 외경×머리 높이×다리 높이

■ 황동 비죠

12 / 15 / 18 / 21 / 24 / 30 / 40㎜   ※수치는 내경

■ 황동 샤클 / S자 고리 / 개고리

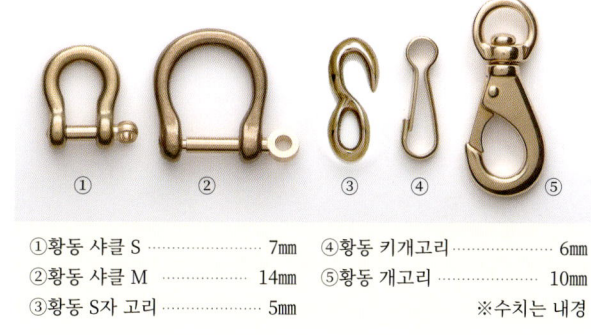

- ①황동 샤클 S ········· 7㎜   ④황동 키개고리 ······· 6㎜
- ②황동 샤클 M ········· 14㎜   ⑤황동 개고리 ········· 10㎜
- ③황동 S자 고리 ······· 5㎜   ※수치는 내경

■ 황동 비즈

- ①원통형 ········· 5×6㎜
- ②라운드 ········· 5×5㎜
- ③타원형 ········· 5×12㎜

※수치는 외경×높이

■ 황동 이중링

- ①황동 이중링 ················· 16 / 20 / 25 / 33㎜
- ②황동 납작 이중링 ············ 20 / 25㎜
- ③황동납작 O링 ··············· 25 / 30 / 40㎜

※수치는 내경

■ 둥근 개고리

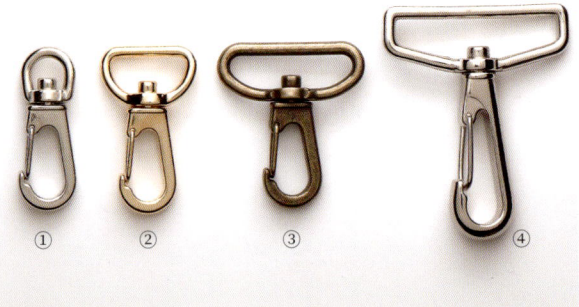

①AN-1	8mm	N / AT / G
AN-2	12mm	N / AT / G
AN-3	15mm	N / AT / G
②AN-4	18mm	N / AT / G
AN-5	21mm	N / AT / G
③AN-6	30mm	N / AT / G
④AN-7	40mm	N / AT / G

※수치는 내경

■ P자 개고리

TN-1 내경 ········ 8mm N / G / AT

■ 키개고리

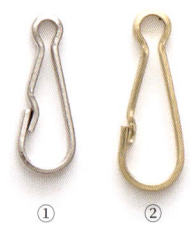

①小	20mm	N / BZ
②大	23mm	N / BZ

※수치는 내경

■ 개고리

9mm N / AT
15mm N / AT
17mm N / AT

※수치는 내경

■ 개고리

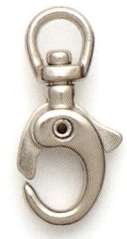

N-21 ········ 6mm N / AT
　　　　　　12mm N / AT

※수치는 내경

■ 키홀더

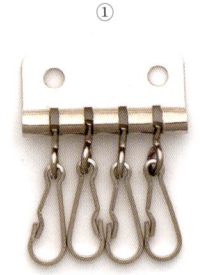
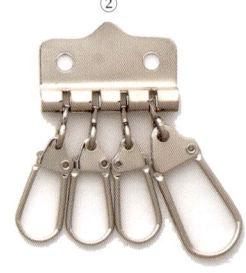

3중키홀더	30×45mm	N/N리벳
①4중키홀더	33×45mm	N/N리벳
②4중복합키홀더	33×58mm	N/N리벳
③5중키홀더	33×58mm	N/N리벳

※수치는 넓이×길이

■ 버클

B-1(21mm) N   B-2(24mm) N   B-3(30mm) N   B-5(15mm) B / BN   B-5(20 / 25mm) B / BN

B-6(40mm) B / BN   B-7(40mm) B / BN   B-8(30 / 35mm) B / BN   B-12(20mm) B / BN   B-13 (30 / 35 / 40mm) B / BN

B-14(15 / 20mm) B / BN   B-15(40mm) B / BN   B-16 (30 / 35 / 40mm) B / BN   B-17(25mm) B / BN   B-18 (30 / 35mm) B / BN

B-23(8mm) N / AT
B-24(10mm) N / AT
B-25(12mm) N / AT

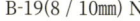

B-19(8 / 10mm) N   B-20(25mm) B / BN   B-21(30mm) B / BN
B-22(35mm) B / BN

■ 롤러 버클　　　　　　　　　　　　　■ 비죠

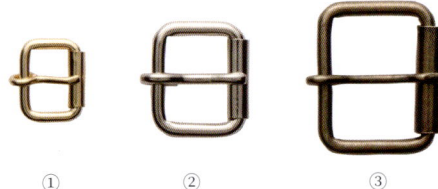 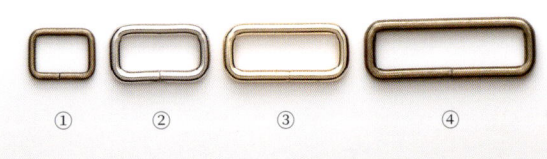

KB-1	12mm N / G / AT	KB-5	24mm N / G / AT
①KB-2	15mm N / G / AT	③KB-6	30mm N / G / AT
KB-3	18mm N / G / AT		※수치는 내경
②KB-4	21mm N / G / AT		

SK-2	15mm N / G / B / AT	③SK-6	30mm N / G / B / AT
①SK-3	18mm N / G / B / AT	SK-7	40mm N / G / B / AT
SK-4	21mm N / G / B / AT		※수치는 내경
②SK-5	24mm N / G / B / AT		

■ D링　　　　　　　　　　　　　　　■ 직사각링

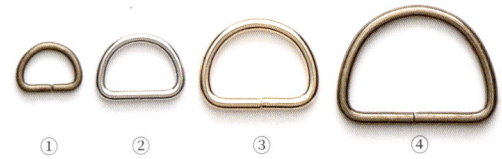 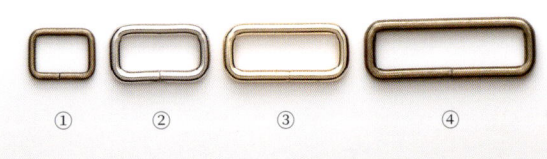

①DK-1	10mm N / G / B / AT	③DK-5	21mm N / G / B / AT
DK-2	12mm N / G / B / AT	DK-6	24mm N / G / B / AT
②DK-3	15mm N / G / AT	④DK-7	30mm N / G / B / AT
DK-3	16mm B	DK-8	40mm N / G / B / AT
DK-4	18mm N / G / B / AT		※수치는 내경

①K-1	12mm N / G / B / AT	K-6	30mm N / B / AT
K-2	15mm N / G / B / AT	④K-7	35mm N / AT
②K-3	18mm N / G / B / AT	K-8	40mm N / B / AT
K-4	21mm N / G / B / AT		※수치는 내경
③K-5	24mm N / G / B / AT		

■ 지퍼

규격(호)	길이(금속부분)	금속 색	테이프 색
3호	10cm	N	검정 / 흑갈색 / 베이지
		AT	검정 / 흑갈색
	12cm	N	검정 / 흑갈색 / 베이지
	15cm	N	검정 / 흑갈색 / 베이지
		AT	검정 / 흑갈색
	18cm	N	검정 / 흑갈색 / 베이지
		AT	검정 / 흑갈색
	20cm	N	검정 / 흑갈색 / 베이지
		AT	검정 / 흑갈색
4호	30cm	N	검정 / 흑갈색 / 베이지

■ 리벳

① 리벳 극소 양면 짧은발 ········· 4.6×5mm
　　　　　　　　　　 G / N / AT / B / BB
② 리벳 소 양면 짧은발 ··········· 6×7.3mm
　　　　　　　　　　 G / N / AT / B / BB
③ 리벳 소 양면 긴발 ············· 6×8.3mm
　　　　　　　　　　 G / N / AT / B / BB
④ 리벳 대 양면 짧은발 ············ 9×9mm
　　　　　　　　　　 G / N / AT / B / BB
⑤ 리벳 대 양면 긴발 ············· 9×10mm
　　　　　　　　　　 G / N / AT / B / BB
⑥ 리벳 특대 양면 짧은발 ········ 12.5×11mm
　　　　　　　　　　　 N / DG / AT / BB
⑦ 리벳 특대 양면 긴발 ·········· 12.5×13mm
　　　　　　　　　　　 N / DG / AT / BB
※수치는 외경×높이

■ 스프링도트

■ 링도트

① No.2 소　　　　11.5×4.5mm　B / AT / DG / N / BB
② No.5 대　　　　12.6×5.6mm　B / AT / DG / N / BB
③ 8050 특대　　　15×5.6mm　　N / B / AT
④ 미니 스프링도트　8.8×4mm　　N / B / AT
　　　　　　　　　　※수치는 외경×높이

① 7070 극소　　　　　　　10×6×5mm　BN / B
② 7201 소(2)　　　　　　 13×6×5mm　BN / B
③ 7060 소　　　　12.6×7×6mm　B / AT / DG / N / BB
④ 7050 대　　　　15×8.3×7mm　B / AT / DG / N / BB
대 足長　　　　　　15×11.5×11mm　N / AT

■ 코너 장식

C-1 ········· 17mm
　　　　　N / G
C-4 ········· 30mm
　　　　　N / G
※수치는 높이

■ 자석 단추

MS-1 ········ 14mm
　　　　N / G / AT
MS-2 ········ 18mm
　　　　N / G / AT
※수치는 외경

도구 도감 Tools

이 책에서 사용하는 도구와 추천하는 도구를 소개합니다. 도구를 가지고 있지 않거나 잘 모르는 경우 이 코너를 참고해서 사면 됩니다. 특징이나 사용 방법을 간단하게 설명하였으나, 가죽공예를 처음 시작하는 분은 이 책 p.172의 '추천 서적'에서 소개하는 입문서를 참조하여 사용법을 몸에 익히는 것이 좋습니다.

■ 목타(다이아몬드 목타)

가죽에 바느질 구멍을 뚫기 위한 도구. 구멍 간격은 3mm, 4mm, 5mm, 6mm 중 선택할 수 있습니다. 이 책에서는 소재와 분위기의 밸런스를 고려해서 4mm 폭을 사용했습니다. 동일한 폭으로 2날, 6날을 준비하면 편리합니다.

■ 그리프(유럽식 목타)

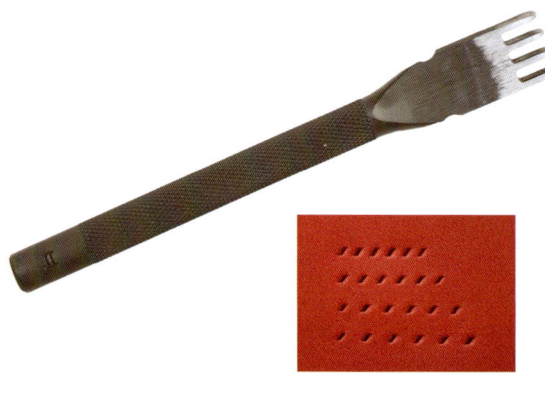

이 책에서는 등장하지 않지만, 목타의 바리에이션으로 그리프(유럽식 목타)를 소개합니다. 바느질 구멍이 비스듬한 사선으로 뚫리면서 바느질하면 실이 예쁘게 걸립니다. 사용법은 목타와 동일합니다. 손바느질의 느낌을 내고 싶을 때 사용하면 좋습니다.

■ 구멍 펀치

나무 망치로 때려서 사용하는 목타는 소음이 발생하고 통나무 등 가죽 아래에 깔아 충격을 흡수하는 도구가 따로 있어야 합니다. 구멍 펀치를 사용하면 장소 제약 없이 바느질 구멍을 뚫을 수 있습니다.

■ 원형 송곳

위치를 표시할 때 콕 찍거나 가죽 표면에 선을 긋거나, 작은 구멍을 뚫을 때 등 여러 용도로 사용할 수 있는 송곳. 동그랗고 작은 구멍을 만들 수 있습니다.

■ 마름 송곳

목타와 동일하게 사선으로 구멍을 낼 수 있는 송곳입니다. 가죽을 겹쳐 붙여 두꺼운 부분은 목타로 구멍을 뚫으면 구멍이 커지거나 가죽이 찢어질 염려가 있습니다. 이럴 때는 표면만 살짝 목타로 자국을 내고 바느질 할 때 '마름 송곳'으로 관통합니다.

■ 두꺼운 송곳

목타와 비슷하지만 목타보다 큰 구멍을 낼 때나 단면을 다듬을 때 사용합니다. 어느 쪽이든 관계 없으니 손에 익은 도구를 사용하면 됩니다.

■ 은펜

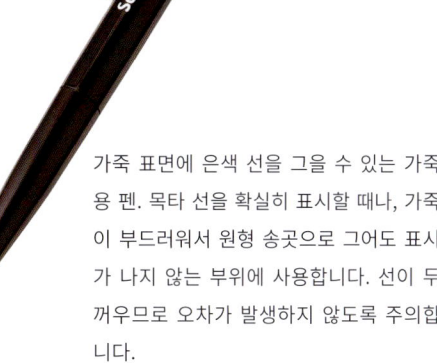

가죽 표면에 은색 선을 그을 수 있는 가죽용 펜. 목타 선을 확실히 표시할 때나, 가죽이 부드러워서 원형 송곳으로 그어도 표시가 나지 않는 부위에 사용합니다. 선이 두꺼우므로 오차가 발생하지 않도록 주의합니다.

■ 디바이더

옆에 붙은 심을 잡고 돌리면 다리가 열리고 닫혀서 각도를 조절할 수 있는 기구입니다. 다리는 고정할 수 있어서 임의의 폭을 정해놓고 균등한 간격으로 몇 번이나 그을 수 있습니다. 대개 가죽 끝에서 일정 폭 안쪽으로 바느질선을 긋는 작업에 활용합니다.

■ 크리저

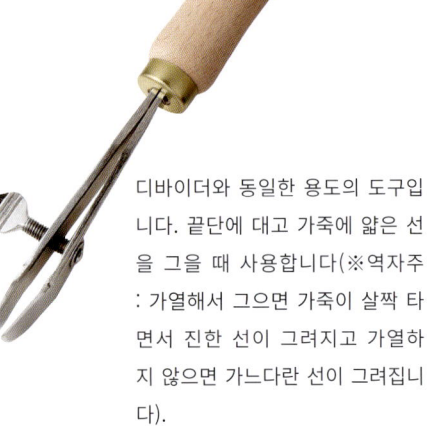

디바이더와 동일한 용도의 도구입니다. 끝단에 대고 가죽에 얇은 선을 그을 때 사용합니다(※역자주 : 가열해서 그으면 가죽이 살짝 타면서 진한 선이 그려지고 가열하지 않으면 가느다란 선이 그려집니다).

■ 클램프

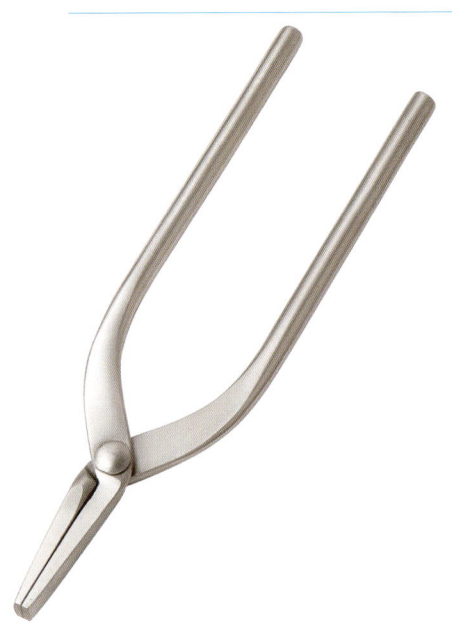

 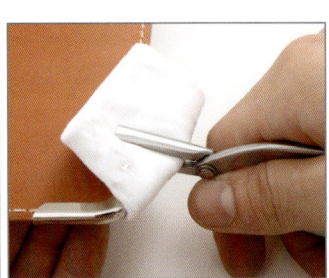

컴팩트하고 끝이 좁은 가죽 압착용 도구. 바늘이 구멍을 제대로 통과하지 못할 때 잡아당겨 빼거나, 가죽 파츠 끝을 눌러주는 작업 등에 편리합니다. 이 책에서는 서류 봉투의 코너 장식을 달 때, 끝을 눌러 고정하는 작업에서 사용하였습니다.

■ 양면 테이프

파츠를 고정할 때 쓰는 테이프. 접착력이 강하지 않아 여러 차례 뗐다 붙였다 하며 사용할 수 있습니다. 지퍼 테이프 끝단 등 접착제를 바르기 힘들 때 양면 테이프를 사용하면 좋습니다.

■ 슈퍼 고무 본드

가죽끼리 맞붙일 때 사용하는 가장 스탠다드한 고무 계열 접착제. 건조한 후에도 단단해지지 않아 가죽의 움직임이 부드러운 것이 특징입니다. 휘발성이므로 화기 근처에 두면 안 됩니다.

■ 가죽용 본드 에이스

목공용 본드와 동일한 성질의 접착제. 마른 후에는 비닐 계열 접착제처럼 단단해지고, 바른 가죽이 뻣뻣해집니다. 접착력이 강한 종류와 접착력이 약한 종류 두 종류가 있습니다.

■ 롤러

맞붙인 가죽을 확실하게 압착하지 않으면 시간이 지나면서 접착력이 약해집니다. 가죽 표면을 그냥 누르거나 문지르면 흠집이 나므로 롤러로 밀어주어 압착하면 됩니다. 가죽을 접어 자국이나 모양을 만들 때도 활용합니다.

■ 슬리커

단면에 광을 낼 때 사용합니다. 깨끗한 돔형 나무 토막을 사용하면 됩니다. 가죽 표면을 누르거나 문지르는 작업, 접어서 형태를 만드는 작업에도 사용할 수 있으므로 쓰임새가 좋습니다.

■ 유리판

가죽을 피할 때 칼을 작업대에 딱 붙이기 위해 사용하는 유리판. 가죽 바닥을 평평하게 모서리가 평평하기 때문에 가죽 바닥면의 털을 납작하게 만드는 작업을 할 때도 사용합니다.

■ 토코놀

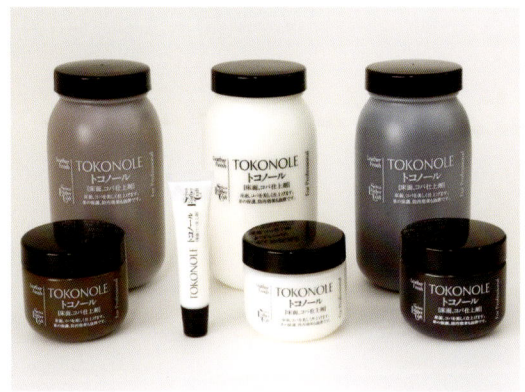

단면이나 바닥면을 연마할 때 바르는 전용 액체. 일어난 털을 납작하게 만들고 광을 낼 수 있습니다. 슬리커나 천에 발라서 문지르면 효과적입니다.

■ 왁스 토코놀

단면 연마 작업 마지막에 바르는 광택제. 가죽용 천연 왁스입니다. 바르고 말리면서 천으로 문지르는 작업을 수 차례 반복하면 가죽 표면에 아름다운 광택이 올라옵니다.

■ 나무 망치 / 공예용 몰렛

두 종류 모두 목타나 원형 펀치를 쳐서 구멍을 내는 해머입니다. 나무 망치 쪽이 길고, 그립감도 좋고 힘이 강합니다. 공예용 몰렛은 콤팩트해서 여성이 잡기 편하고 밸런스가 잘 잡혀서 섬세하게 힘을 컨트롤 할 때 씁니다.

■ 바늘 / 스티칭 포니

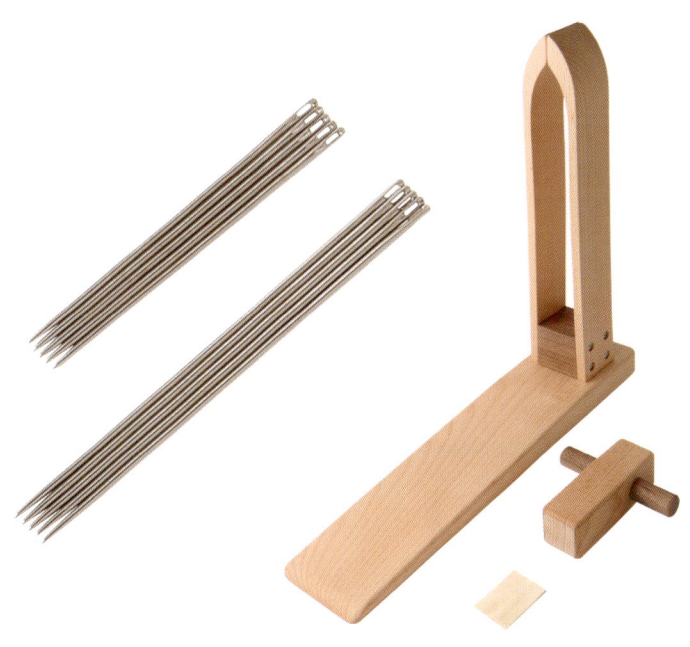

손바느질 할 때 필요한 가죽용 바늘, 그리고 바느질할 때 작품을 고정하는 용도의 스티칭 포니입니다. 바늘은 미리 뚫어놓은 바느질 구멍 외에 다른 구멍을 뚫지 않도록 끝이 뭉툭합니다. 바늘을 넣으면서 구멍을 찾아서 반대로 통과하면 됩니다.

■ 원형 펀치

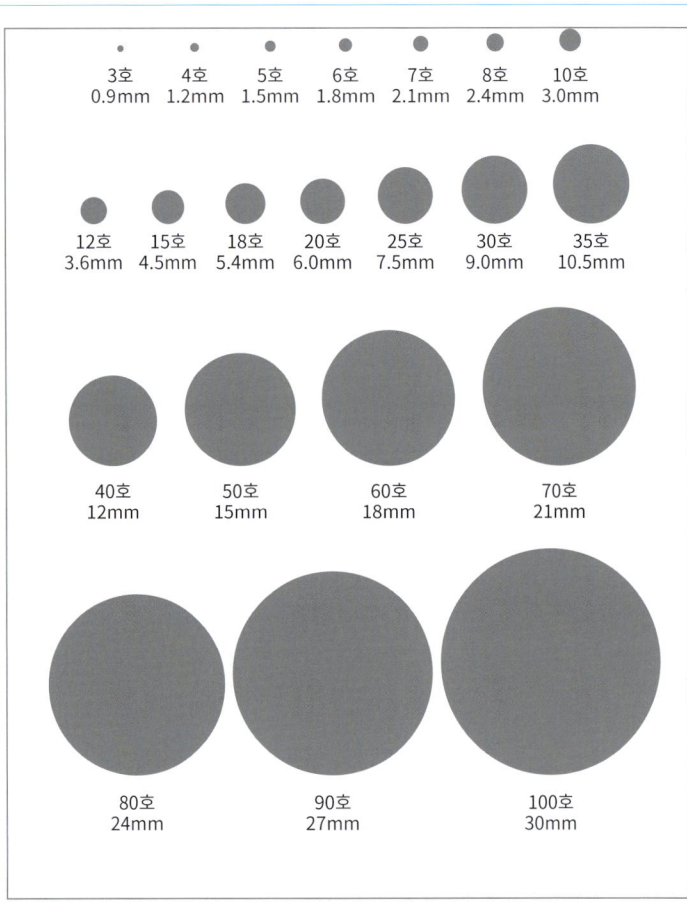

3호	0.9mm
4호	1.2mm
5호	1.5mm
6호	1.8mm
7호	2.1mm
8호	2.4mm
10호	3.0mm
12호	3.6mm
15호	4.5mm
18호	5.4mm
20호	6.0mm
25호	7.5mm
30호	9.0mm
35호	10.5mm
40호	12mm
50호	15mm
60호	18mm
70호	21mm
80호	24mm
90호	27mm
100호	30mm

원형 펀치는 가죽에 둥근 구멍을 뚫는 도구입니다. 금속장식을 달 때 둥근 구멍이 필요하기 때문에 사용 빈도가 높습니다. 동그란 칼을 가죽에 대고 본체를 손으로 꼭 잡은 다음 나무 망치 등으로 때려서 구멍을 냅니다. 원이 클 수록 힘도 많이 필요하지만 무리하지 말고 몇 번에 걸쳐 때려주세요. 또한 작은 사이즈는 힘을 너무 주면 구멍이 크게 뚫리므로 가볍게만 때립니다.

금속 장식	원형 펀치 사이즈
리벳 극소	6호(1.8mm)
리벳 소	7호(2.1mm)
리벳 대	8호(2.4mm)
리벳 특대	10호(3.0mm)
스프링도트 No.2 소	수 8호(2.4mm) / 암 15호(4.5mm)
스프링도트 No.5 대	수 10호(3.0mm) / 암 18호(5.4mm)
스프링도트 8050 특대	수 15호(4.5mm) / 암 25호(7.5mm)
미니 스프링도트	수 8호(2.4mm) / 암 12호(3.6mm)
링도트 7060 소	암수 10호(3.0mm)
링도트 7050 대	암수 12호(3.6mm)
링도트 7201 소(2)	암수 8호(2.4mm)
링도트 7070 극소	암수 8호(2.4mm)

■ 스프링도트도구 / 링도트도구 / 리벳도구 / 메탈 플레이트

스프링도트, 링도트, 리벳등 금속장식을 달 때는 머리와 발 사이즈에 맞는 전용 종발이 필요합니다. 금속장식 종류, 사이즈, 끝의 형태에 따라 형태와 크기가 다르기 때문에 주의해야 합니다. 메탈 플레이트는 다양한 사이즈의 머리 크기에 맞춰 홈이 파여져 있습니다.

■ 칼 / 가죽칼 / 구두칼

주로 사용하는 가죽 재단용 칼 3종류. 초보자는 사진 완쪽의 커터를 추천합니다. 직선은 자를 대고 간단하게 자를 수 있고 커브나 작은 원은 가죽을 돌리며 자르면 됩니다. 사진 오른쪽의 구두칼은 가죽용 나이프여서 직접 갈고 관리해야 합니다. 사진 중앙의 가죽칼은 2개 칼의 특징을 모아놓은 느낌의 칼입니다.

■ 실

손바느질을 할 때 쓰는 실은 리넨사와 화학섬유사가 있습니다. 제품의 질감이나 디자인에 따라 다르기 때문에 자신이 생각하는 완성품의 이미지에 가까운 실을 찾아봅시다. 이 책에서는 5번대 실을 메인으로 사용했습니다. 4mm 폭의 목타와 잘 맞고 손바느질의 소박한 분위기가 있으면서 거친 느낌은 적어 추천합니다.

에스코트 얇은 실 / 중간 실 / 굵은 실

스무스 얇은 실 / 굵은 실
슈퍼 스무스

왁스실 0번대

앤티크 시뉴

왁스실 5번

공예용 왁스

비니모

실 종류	길이	실 두께	컬러
에스코트(얇은 실)	30m	약 0.6mm	내츄럴 / 베이지 / 검정 / 흑갈색 / 갈색 / 짙은 청색 / 벽돌색
에스코트(중간 실)	30m	약 0.8mm	
에스코트(굵은 실)	25m	약 1.0mm	
스무스(얇은 실)	10m / 100m	약 0.8mm	흰색 / 검정 / 흑갈색 / 갈색 / 베이지
스무스(굵은 실)	10m	약 1.0mm	검정 / 흑갈색 / 갈색 / 베이지
슈퍼 스무스	10m	약 0.6mm	흰색 / 검정 / 갈색
왁스실 5번대	25m	약 0.5mm	검정 / 흑갈색 / 회색 / 베이지 / 흰색 / 자주색 / 파랑 / 녹색 / 청록 / 하늘색 / 갈색 / 노랑 / 오렌지 / 핑크 / 붉은색
왁스실 0번대	50m	약 0.8mm	검정 / 흑갈색 / 회색 / 베이지 / 흰색 / 자주색 / 파랑 / 녹색 / 청록 / 하늘색 / 갈색 / 노랑 / 오렌지 / 핑크 / 붉은색
앤틱 시뉴(얇은 실)	약 270m		내츄럴
앤틱 시뉴(굵은 실)	약 270m		내츄럴
비니모 #30	200m		흰색 / 베이지 / 오렌지 / 금색 / 노랑 / 노랑갈색 / 핑크 / 붉은색 / 벽돌색 / 갈색 / 흑갈색 /밝은 파랑 / 파랑 / 녹색 / 자주색 / 옅은 회색/ 진회색 / 검정

실의 길이

바느질 범위의 4배가 안전합니다. 가죽의 두께에 따라 달라지므로 4배로 하면 실이 남을 수도 있지만 모자라지는 않습니다. 익숙해지면 감으로 조절할 수 있습니다.

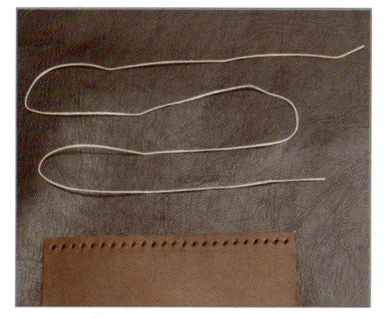

실 꿰기

❶ 바늘 구멍에 실을 꿰입니다.
❷ 실 끝을 2번 정도 바늘에 찔러 통과해서 고리를 만듭니다.
❸ 찌른 부분을 바늘 아래로 조금씩 밀어내리면서 실의 고리를 점점 작게 만듭니다.
❹ 찌른 부분을 완전히 바늘 밖으로 빼면서 실을 묶는 것처럼 만듭니다. 이 방법을 실 양끝에 해서 바늘 두 개를 꿰입니다.

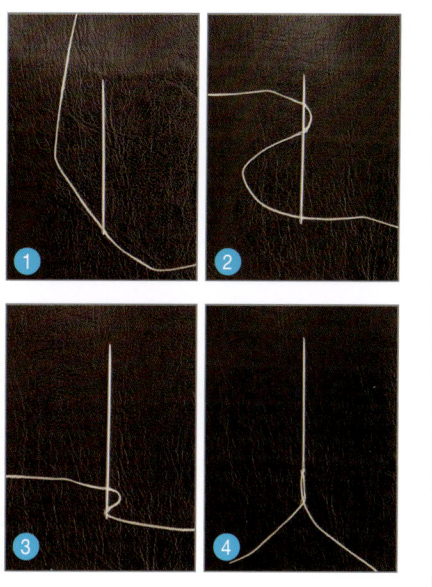

감수 기업 소개 SEIWA

가죽공예 관련 용품 메이커인 SEIWA사는 다양한 품목을 취급하는 직영 숍을 운영하면서 트렌드에 맞는 제품을 지속 개발하는 기업입니다. 가죽공예의 기초에서 스텝업까지 준비할 수 있습니다. 꾸준한 가죽공예 관련 활동, 이벤트, 신상품 등에도 주목할 만한 기업입니다.

■ 수록 아이템 디자인 및 제작

Kazuya Okada
오카다 카즈야

Masato Mori
모리 마사토

이 책에 수록된 아이템의 디자인, 설계, 제작을 담당한 분은 SEIWA에서 프로덕트 플래너와 PR을 담당하고 있는 두 사람입니다. 심플하면서 핸드메이드 분위기를 물씬 풍기는 작품은 남녀노소 누구에게나 잘 맞는 가죽 소품입니다.

다카다노바 점

SEIWA 다카타노바 점
도쿄도 신주쿠구 시모오치아이 1-1-1
Tel 03-3364-2111
영업시간 10:00-18:00 정기휴일 일·공휴일·여름휴가·연말연시
URL http://seiwa-net.jp/

시부야 점

SEIWA 시부야 점

도쿄도 시부야구 우다가와초 12-18 도큐핸즈 내

Tel 03-3464-5668

영업시간 10:00-20:30

정기휴일 연중무휴

하카타 점

SEIWA 하카타 점

후쿠오카시 하카타구 추오가이 1-1 하카타시티 도큐핸즈 내

Tel 092-413-5068

영업시간 10:00-21:00

정기휴일 연중무휴

SEIWA 레더 크래프트 스쿨

다카다노바 점과 같은 건물에서 SEIWA사가 주최하는 취미 가죽공예 교실이 열립니다. 초보자 입문부터 베테랑 스텝업까지, 폭넓고 실용적인 지식을 가르치고 있습니다. 미싱, 가죽 피할 등 프로들에게도 유용한 수업도 있습니다. 정기 수업이 있으므로 관심 있는 분은 웹사이트에서 체크하여 수강해보세요.

- 레더 크래프트 스쿨 URL http://www.seiwa-net.jp/

추천 서적 Books

■ 지퍼로 만드는 가죽공예

가죽공예를 하다 보면 필수적으로 사용하는 재료인 지퍼 이용법을 집중적으로 알려주는 심화 가이드북. 지퍼의 구조와 사용법을 상세하고 친절하게 알려주며, 실생활에서 사용하기 좋은 7종류의 지갑, 가방, 필통을 만드는 방법을 상세하게 해설. 하나하나 따라 만들다보면 지퍼 사용법 마스터!

182×257㎜   184페이지
ISBN 979-11-87939-58-0
값 28,000원(세트 52,000원)

ITEM LIST

- L자 지퍼 [미니 지갑]
- 슬릿 지퍼 [쿠션 커버]
- 크로스 지퍼 [필통]]
- 트리플 지퍼 [토트 백]
- 더블 라운드 지퍼 [키 케이스]
- 옆판 달린 라운드 지퍼 [유니버설 케이스]
- 긴 옆판 달린 지퍼 [파우치]

■ 핸드메이드 가죽가방 만들기

집에서 내 손으로 직접 가죽 가방을 만들어보자! 단순해 보이지만 가죽 가방 만들기의 기본 노하우가 배어 있는 토트백, 귀여움과 산뜻함이 묻어나는 포쉐트, 입체적인 명함지갑, 남녀 불문 활용성 높고 선물용으로 좋은 서류가방까지. 4종류의 아이템을 일본의 가죽 장인 4명이 상세하게 해설해준다. 패턴 세트 구성은 '서류가방 레이저 커팅 패턴'과 '3종 실물 패턴'.

184×210㎜   197페이지
ISBN 979-11-87939-21-4
값 24,000원(세트 48,000원)

ITEM LIST

- 토트백
- 포쉐트
- 명함지갑
- 서류가방

풍부한 사진과 자세한 설명으로 알기 쉽게 구성한 가죽공예 추천 서적을 소개합니다. 초보를 위한 기초 안내부터 전문가에게도 도움될 팁까지 풍부한 내용으로 구성된 가죽공예 전문 서적입니다. 소품부터 가방까지 실제 작법 위주로 알려주고 있기 때문에 각각의 가죽공예 아이템을 확실히 이해할 수 있습니다.

■ 어른의 가죽공예

가죽공예 선진국인 일본의 유명한 공방 작가 6인이 구성한 가죽공예 가이드북. 기본적이면서도 실력이 필요한 가죽소품을 소개한다. 가죽 재질과 두께 선정부터, 재단, 바느질, 마감까지 모든 단계를 아주 자세하고 친절하게 알려준다.

182×257㎜　168페이지
ISBN 979-11-87939-12-2
값 24,000원(세트 48,000원)

ITEM LIST
- 키홀더
- 명함지갑
- 지폐지갑
- 동전지갑
- 시곗줄
- 말굽형 동전지갑
- 지갑

■ 가죽공예 지갑 만들기

가죽공예의 꽃 '지갑 만들기'를 알려주는 상급자용 안내서. 상자모양 동전지갑, 아코디언 지폐지갑, 반지갑, 지퍼 라운드 장지갑 등 핵심 4종의 지갑 제작 기법을 장인의 노하우를 담아 해설한다. 세트에는 바로 쓸 수 있는 레이저 커팅 패턴이 포함되어 있어 편리.

182×257㎜　176페이지
ISBN 979-11-87939-26-9
값 24,000원(세트 52,000원)

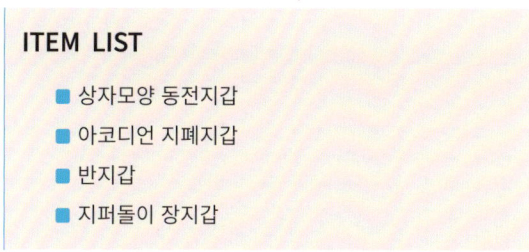

ITEM LIST
- 상자모양 동전지갑
- 아코디언 지폐지갑
- 반지갑
- 지퍼돌이 장지갑

2020년 7월 15일 초판 1쇄 발행
2022년 1월 15일 초판 1쇄 발행

- 주 의 -

- 이 책은 장인들의 지식 및 작업, 기술을 바탕으로 독자에게 도움이 된다고 판단한 내용을 재구성하여 출판하였습니다. 스튜디오 태크 크리에이티브 및 취재원들은 작업의 결과나 안전성을 보장하지 않습니다. 또 소개된 공구와 재료는 현재 판매하지 않을 수 있습니다. 작업에서 발생한 물적 손해와 상해에 대해, 출판사에서는 일체의 책임을 지지 않습니다.

- 사용하는 도구가 다르거나 사용설명서와 다르게 사용했을 경우 작업 결과가 달라질 수 있으며 사고 등의 원인도 될 수 있습니다. 판매처에서 추천하는 방법이 아닌 다른 방법으로 작업할 경우 보증을 받지 못할 수 있습니다.

- 이 책은 2015년 4월 28일까지 정보를 바탕으로 편집했습니다. 책에 게재한 상품이나 서비스의 명칭, 사양, 가격 등은 제조 업체와 판매처에 따라 예고 없이 변경될 가능성이 있습니다.

- 사진이나 내용이 일부 실물과 다른 경우가 있습니다.

[일본어판]
발행　다카하시 노리히코
편집　도미타 신지, 난케이 마코토
디자인　고지마 신야
사진　구시마 유토

[한국어판]
번역　위크래프트
감수　박혜정 [베아트리체 공방]
편집　위크래프트, 정성학

발행인　박관형
발행처　ㅁㅅㄴ(MSN publishing)
주소　[08271] 서울시 구로구 경인로20나길 30, A508
웹　http://msnp.kr
메일　mi-sonyeo@naver.com
FAX　0505-320-2033

ISBN　979-11-87939-41-2 16630

ARENJI MO DEKIRU REZAKURAFUTO KATAGAMISYU 24
Copyright © STUDIO TAC CREATIVE CO., LTD 2015
Photo by Osamu Sekine
All rights reserved.
First original Japanese edition published by STUDIO TAC CREATIVE CO., LTD
Korean translation rights arranged with STUDIO TAC CREATIVE CO., LTD

이 작품의 한국 내 저작권은 저작권자와 독점 계약한 ㅁㅅㄴ이 소유합니다. 저작권법을 통해 보호받는 저작물이므로 무단 전재와 복제 등 허락없는 사용을 금지합니다.

패턴 Pattern

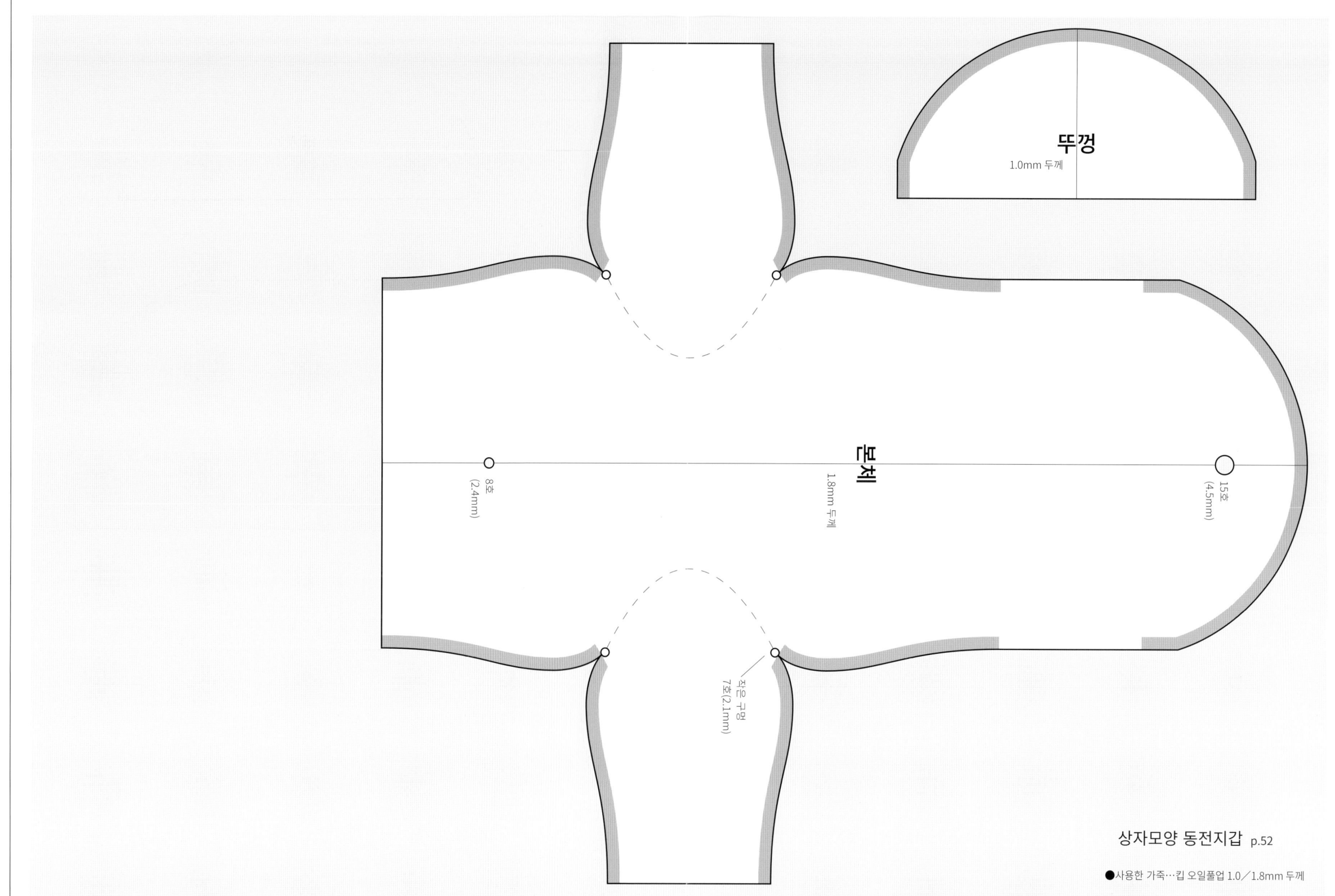

상자모양 동전지갑 p.52

●사용한 가죽…킵 오일풀업 1.0／1.8mm 두께

패턴 Pattern

7호(2.1mm)　　6호(1.8mm)

스트랩(절반 사이즈)
총 길이 1,400mm 정도

7호(2.1mm)　　7호(2.1mm)

어깨 패드(겉감)
1.8mm 두께

어깨 패드(보강재)　바르솔 0.6mm 두께

※ 어깨 패드(겉감)은 킵 오일풀업 1.0mm 두께를 사용하고 겉감 패턴보다 폭 10mm 정도 여유분을 두고 잘라내서 작업 시 정재단한다

넥 스트랩 p.134

● 사용한 가죽…보노 레이스 10mm 폭
　킵 오일풀업 1.0 / 1.8mm 두께